Learn Mandarin with Short Stories

HypLern Interlinear Project
www.hyplern.com

First edition: 2022, October

Author: Ziru Zou
Foreword: Camilo Andrés Bonilla Carvajal PhD

ISBN: 978-1-989643-48-8

kees@hyplern.com
www.hyplern.com

Learn Mandarin with Short Stories

Interlinear Mandarin to English

Author
Ziru Zou

HypLern Interlinear Project
www.hyplern.com

The HypLern Method

Learning a foreign language should not mean leafing through page after page in a bilingual dictionary until one's fingertips begin to hurt. Quite the contrary, through everyday language use, friendly reading, and direct exposure to the language we can get well on our way towards mastery of the vocabulary and grammar needed to read native texts. In this manner, learners can be successful in the foreign language without too much study of grammar paradigms or rules. Indeed, Seneca expresses in his sixth epistle that "Longum iter est per praecepta, breve et efficax per exempla[1]."

The HypLern series constitutes an effort to provide a highly effective tool for experiential foreign language learning. Those who are genuinely interested in utilizing original literary works to learn a foreign language do not have to use conventional graded texts or adapted versions for novice readers. The former only distort the actual essence of literary works, while the latter are highly reduced in vocabulary and relevant content. This collection aims to bring the lively experience of reading stories as directly told by their very authors to foreign language learners.

Most excited adult language learners will at some point seek their teachers' guidance on the process of learning to read in the foreign language rather than seeking out external opinions. However, both teachers and learners lack a general reading technique or strategy. Oftentimes, students undertake the reading task equipped with nothing more than a bilingual dictionary, a grammar book, and lots of courage. These efforts often end in frustration as the student builds mis-constructed nonsensical sentences after many hours spent on an aimless translation drill.

Consequently, we have decided to develop this series of interlinear translations intended to afford a comprehensive edition of unabridged texts. These texts are presented as they were originally written with no changes in word choice or order. As a result, we have a translated piece conveying the true meaning under every word from the original work. Our readers receive then two books in just one volume: the original version and its translation.

The reading task is no longer a laborious exercise of patiently decoding unclear and seemingly complex paragraphs. What's more, reading becomes an enjoyable and meaningful process of cultural, philosophical and linguistic learning. Independent learners can then acquire expressions and vocabulary while understanding pragmatic and socio-cultural dimensions of the target language by reading in it rather than reading about it.

Our proposal, however, does not claim to be a novelty. Interlinear translation is as old as the Spanish tongue, e.g. "glosses of [Saint] Emilianus", interlinear bibles in Old German, and of course James Hamilton's work in the 1800s. About the latter, we remind the readers, that as a revolutionary freethinker he promoted the publication of Greco-Roman classic works and further pieces in diverse languages. His effort, such as ours, sought to lighten the exhausting task of looking words up in large glossaries as an educational practice: "if there is any thing which fills reflecting men with melancholy and regret, it is the waste of mortal time, parental money, and puerile happiness, in the present method of pursuing Latin and Greek[2]".

Additionally, another influential figure in the same line of thought as Hamilton was John Locke. Locke was also the philosopher and translator of the Fabulae AEsopi in an interlinear plan. In 1600, he was already suggesting that interlinear texts, everyday communication, and use of the target language could be the most appropriate ways to achieve language learning:

> ...the true and genuine Way, and that which I would propose, not only as the easiest and best, wherein a Child might, without pains or Chiding, get a Language which others are wont to be whipt for at School six or seven Years together...[3]

---

1 "The journey is long through precepts, but brief and effective through examples". Seneca, Lucius Annaeus. (1961) Ad Lucilium Epistulae Morales, vol. I. London: W. Heinemann.

2 In: Hamilton, James (1829?) History, principles, practice and results of the Hamiltonian system, with answers to the Edinburgh and Westminster reviews; A lecture delivered at Liverpool; and instructions for the use of the books published on the system. Londres: W. Aylott and Co., 8, Pater Noster Row. p. 29.

3 In: Locke, John. (1693) Some thoughts concerning education. Londres: A. and J. Churchill. pp. 196-7.

Who can benefit from this edition?

We identify three kinds of readers, namely, those who take this work as a search tool, those who want to learn a language by reading authentic materials, and those attempting to read writers in their original language. The HypLern collection constitutes a very effective instrument for all of them.

1. For the first target audience, this edition represents a search tool to connect their mother tongue with that of the writer's. Therefore, they have the opportunity to read over an original literary work in an enriching and certain manner.
2. For the second group, reading every word or idiomatic expression in its actual context of use will yield a strong association between the form, the collocation, and the context. This will have a direct impact on long term learning of passive vocabulary, gradually building genuine reading ability in the original language. This book is an ideal companion not only to independent learners but also to those who take lessons with a teacher. At the same time, the continuous feeling of achievement produced during the process of reading original authors both stimulates and empowers the learner to study[1].
3. Finally, the third kind of reader will notice the same benefits as the previous ones. The proximity of a word and its translation in our interlinear texts is a step further from other collections, such as the Loeb Classical Library. Although their works might be considered the most famous in this genre, the presentation of texts on opposite pages hinders the immediate link between words and their semantic equivalence in our native tongue (or one we have a strong mastery of).

---

1 Some further ways of using the present work include:

1. As you progress through the stories, focus less on the lower line (the English translation). Instead, try to read through the upper line, staying in the foreign language as long as possible.
2. Even if you find glosses or explanatory footnotes about the mechanics of the language, you should make your own hypotheses on word formation and syntactical functions in a sentence. Feel confident about inferring your own language rules and test them progressively. You can also take notes concerning those idiomatic expressions or special language usage that calls your attention for later study.
3. As soon as you finish each text, check the reading in the original version (with no interlinear or parallel translation). This will fulfil the main goal of this collection: bridging the gap between readers and original literary works, training them to read directly and independently.

Why interlinear?

Conventionally speaking, tiresome reading in tricky and exhausting circumstances has been the common definition of learning by texts. This collection offers a friendly reading format where the language is not a stumbling block anymore. Contrastively, our collection presents a language as a vehicle through which readers can attain and understand their authors' written ideas.

While learning to read, most people are urged to use the dictionary and distinguish words from multiple entries. We help readers skip this step by providing the proper translation based on the surrounding context. In so doing, readers have the chance to invest energy and time in understanding the text and learning vocabulary; they read quickly and easily like a skilled horseman cantering through a book.

Thereby we stress the fact that our proposal is not new at all. Others have tried the same before, coming up with evident and substantial outcomes. Certainly, we are not pioneers in designing interlinear texts. Nonetheless, we are nowadays the only, and doubtless, the best, in providing you with interlinear foreign language texts.

Handling instructions

Using this book is very easy. Each text should be read at least three times in order to explore the whole potential of the method. The first phase is devoted to comparing words in the foreign language to those in the mother tongue. This is to say, the upper line is contrasted to the lower line as the following example shows:

相亲，	英文	叫做	blind	date。	但是
Xiangqin	in English	is called	blind	date	However

两	种	文化	背景	下，	对于	这个	词语	的	解读
two	types	cultural	background	under	to	this	word	of	interpretation
		with different cultures							

似乎	不	尽	相同。
seems	not	completely	(the) same

The second phase of reading focuses on capturing the meaning and sense of the original text. As readers gain practice with the method, they should be able to focus on the target language without getting distracted by the translation. New users of the method, however, may find it helpful to cover the translated lines with a piece of paper as illustrated in the image below. Subsequently, they try to understand the meaning of every word, phrase, and entire sentences in the target language itself, drawing on the translation only when necessary. In this phase, the reader should resist the temptation to look at the translation for every word. In doing so, they will find that they are able to understand a good portion of the text by reading directly in the target language, without the crutch of the translation. This is the skill we are looking to train: the ability to read and understand native materials and enjoy them as native speakers do, that being, directly in the original language.

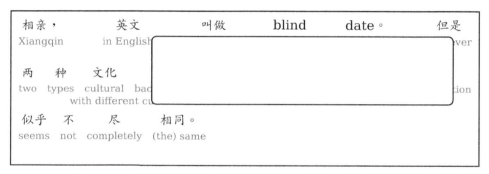

相亲，		英文		叫做	blind	date。	但是
Xiangqin		in English					ver
两	种	文化					
two	types	cultural	bad				tion
		with different cu					
似乎	不	尽	相同。				
seems	not	completely	(the) same				

In the final phase, readers will be able to understand the meaning of the text when reading it without additional help. There may be some less common words and phrases which have not cemented themselves yet in the reader's brain, but the majority of the story should not pose any problems. If desired, the reader can use an SRS or some other memorization method to learning these straggling words.

相亲， 英文 叫做 blind date。 但是 两 种 文化 背 景 下， 对于 这个 词语 的 解读 似乎 不 尽 相同。

Above all, readers will not have to look every word up in a dictionary to read a text in the foreign language. This otherwise wasted time will be spent concentrating on their principal interest. These new readers will tackle authentic texts while learning their vocabulary and expressions to use in further communicative (written or oral) situations. This book is just one work from an overall series with the same purpose. It really helps those who are afraid of having "poor vocabulary" to feel confident about reading directly in the language. To all of them and to all of you, welcome to the amazing experience of living a foreign language!

Additional tools

Check out shop.hyplern.com or contact us at info@hyplern.com for free mp3s (if available) and free empty (untranslated) versions of the eBooks that we have on offer.

For some of the older eBooks and paperbacks we have Windows, iOS and Android apps available that, next to the interlinear format, allow for a pop-up format, where hovering over a word or clicking on it gives you its meaning. The apps also have any mp3s, if available, and integrated vocabulary practice.

Visit the site hyplern.com for the same functionality online. This is where we will be working non-stop to make all our material available in multiple formats, including audio where available, and vocabulary practice.

Table of Contents

相亲 物种 鉴定 指南

Xiāngqīn,	yīngwén	jiàozuò	blind	date.	Dànshì
相亲，	英文	叫做	**blind**	**date**。	但是
Xiangqin	in English	is called	blind	date	However

liǎng	zhǒng	wénhuà	bèijǐng	xià,	duìyú	zhège	cíyǔ	de
两	种	文化	背景	下，	对于	这个	词语	的
two	types	cultural	background	under	to	this	word	of

with different cultures

jiědú	sìhū	bù	jìn	xiāngtóng.
解读	似乎	不	尽	相同。
interpretation	seems	not	completely	(the) same

Rúguǒ	nǐ	wèn	shěnxiǎobái	tīngdào	"xiāngqīn"	zhège	cíer	xiànzài
如果	你	问	沈小白	听到	"相亲"	这个	词儿	现在
if	you	ask	Shen Xiaobai	hears	blind date	this	word	now

shénme	fǎnyìng,	shěnxiǎobái	juéduì	néng	yī	bèng	bèng	dào	3
什么	反应，	沈小白	绝对	能	一	蹦	蹦	到	3
what	reaction	Shen Xiaobai	definitely	can	one	hop	jump	to	three

what causes this reaction — in one hop

mǐ	kāiwài	de	dìfang,	bìngqiě	yībiān	jiānjiào,	yībiān	tiáojiàn
米	开外	的	地方，	并且	一边	尖叫，	一边	条件
metres	over	that	place	and	while	screaming	while	conditioned

fǎnshè	bān	tuōkǒu'érchū	"māmā	ya,	nǐ	kě	ráole	wǒ	ba!"
反射	般	脱口而出	"妈妈	呀，	你	可	饶了	我	吧！"
reflex	alike	blurt out	Mama	—	you	just	let off	me	—

leave me alone

Bìngqiě	shēng	lèi	jù	xià,	liánlián	qiú	ráo.	Wǒ	dàxiàode
并且	声	泪	俱	下，	连连	求	饶。	我	大笑地
and	voice	tear	all	down	repeatedly	beg for	mercy	I	with laughter

in a tearful voice

kànzhe	shěnxiǎobáide	cǎn	yàng	er:	"Wǒ	shuō,	nǐ	zhìyú	ma?
看着	沈小白的	惨	样	儿：	"我	说，	你	至于	吗？
looked at	Shen Xiaobai's	poor	face	—	I	say	you	really	—

Zěnme 怎么 how
dōu 都 all
gěi 给 to
nǐ 你 you
xià 吓 scare
chéng 成 as
zhèyàngle, 这样了， like this
zhè 这 this
háishì 还是 still is
wǒmen 我们 our

shuō 说 says (mean what she says)
yī 一 one
bù 不 no
èr 二 two
de 的 who
shěn 沈 Shen
dà 大 great
biānjí 编辑 editor
ma? 吗？ —
Nǐ 你 you
zhèfù 这副 this
yàngzi 样子 aspect

huóxiàng 活像 exactly like
yīzhǐ 一只 one
hé 和 with
zúqún 族群 herd
zǒu 走 goes
sàn, 散， seperatedly
huítóu 回头 turn aound
yīkàn 一看 to see
shīzi 狮子 lion

jiù 就 just
zài 在 in
yǎngēnqián 眼跟前 in front of the eys
de 的 that
cíxìng 雌性 female
fèifèi." 狒狒。" baboon
shěnxiǎobái 沈小白 Shen Xiaobai
dǐngzhe 顶着 with
zìjǐ 自己 herself

bèi 被 by
qì 气 angry
de 得 -link a verb- that
hóng 红 red
de 得 so
xiàng 像 like
fèifèi 狒狒 baboon
pìgu 屁股 bottom
de 的 that
liǎn, 脸， face

hěnhěnde 狠狠地 harshly
wǎnle 剜了 to cut out gave (a look)
wǒ 我 me
yīyǎn." 一眼。" one look
Nǐ "你 you
jiù 就 just
dèse 嘚瑟 are cocky
ba, 吧， —
nǐmen 你们 your

jiā 家 familiy
xiànzài 现在 now
bù 不 not
bī 逼 forces
nǐ, 你， you
kànkàn 看看 let´s see
zài 再 more
guò 过 pass
gè 个 —
liǎng 两 two
sān 三 three

nián, 年， years
nǐ 你 your
mā 妈 mum
huìbùhuì 会不会 whether or not
zhěng 整 all
tiān 天 day
huǒjíhuǒliǎo 火急火燎 extremely anxious
de 地 ly
gěi 给 to
nǐ 你 you

jièshào 介绍 introduce(d)
duìxiàng"? 对象"？ partner(s)
Shuō 说 saying
wán 完 finished
biàn 便 then
yī 一 one
liǎn 脸 face
chóuchàng 惆怅 melancho
de 地 ly
tuō 托 held

sāi 腮 cheeks
fādāi. 发呆。 stare blankly

shěnxiǎobái, sānshíyī suì, guónèi mǒu yīliáo zázhì
沈小白， 三十一 岁， 国内 某 医疗 杂志
Shen Xiaobai thirty one years old in the nation some medicial magizine

biānjí. Chūshēn xiǎochéng de tā dàxué bìyè hòu lái
编辑。 出身 小城 的 她 大学 毕业 后 来
editor comes from small town who she university graduating after came

yīxiàn chéngshì dǎpīn. Háowú bèijǐng de xiǎo gūniáng
一线 城市 打拼。 毫无 背景 的 小 姑娘
first tier city to strive without any background that litte girl

xiǎng zài mòshēngde chéngshì zhàn wěn jiǎogēn háishì hěn bù
想 在 陌生的 城市 站 稳 脚跟 还是 很 不
wants to in strange city to stand steady heel is still very no
to have a firm foothold

róngyìde. Yòng tā zìjǐ de huà shuō jiùshì "yīlù
容易的。 用 她 自己 的 话 说 就是 "一路
easy with her herself 's words say that is all the way

diédiézhuàngzhuàng, yī bù xiǎoxīn jiù shuāi jìnle bēnsān de
跌跌撞撞， 一 不 小心 就 摔 进了 奔三 的
stumble around once not careful then fall into to be thirty of

niántóu." Suǒxìng suǒyǒude nǔlì háishì kàn dédào huíbào, shìyè
年头。" 所幸 所有的 努力 还是 看 得到 回报， 事业
year what is glad all efforts are still seen to gain return career

hé shēnghuó yě suàn bù rùle zhèngguǐ. Wéiyīde wèntí
和 生活 也 算 步 入了 正轨。 唯一的 问题
and life also counts step into the right path only problem

jiùshì "gèrén wèntí" zhìjīn hái méiyǒu jiějué, láiláiqùqù
就是 "个人 问题" 至今 还 没有 解决， 来来去去
is personal problem until now still not solve come and go

yěyǒu yīxiē duìxiàng, dàn zǒngshì yīnwèi gèzhǒnggèyàngde yuányīn
也有 一些 对象， 但 总是 因为 各种各样的 原因
also has some partners yet always because of different kinds of reason

fēnkāile. Chénxiǎobái yě néng xiǎngdékāi, zàitākànlái,
分开了。 沈小白 也 能 想得开， 在她看来，
seperate Shen Xiaobai also can thinks at the right side to her

hūnyīn zhǐbùguò shì yī zhǒng shēnghuó fāngshì, bìng bùshì
婚姻 只不过 是 一 种 生活 方式， 并 不是
marriage just is a kind of life way but not

rénshēngde bìxū, tā yǒu shǔyú zìjǐ de rénshēnglǐxiǎng qù
人生的 必须， 她 有 属于 自己 的 人生理想 去
of life necessity she has belongs to herself 's dreams to

shíxiàn.
实现。
realise

Dànshì shěnxiǎobái de mā, yīwèi chuántǒngde zhōngguó fùnǚ, tā
但是 沈小白 的 妈， 一位 传统的 中国 妇女， 她
However Shen Xiaobai 's mum a traditional Chinese woman she

bùshì zhème xiǎng de. Zài tāmen nàgè xiǎochéng, sānshí suì
不是 这么 想 的。 在 他们 那个 小城， 三十 岁
is not like this think — in their that small town thirty years old

hái bù jiéhūn de nánnánnǚnǚ, nà chūmén shì yào bèi
还 不 结婚 的 男男女女， 那 出门 是 要 被
still not get married who men and women that go out are to by

biérén zhǐzhǐdiǎndiǎnde. Zǒng yǒurén
别人 指指点点的。 总 有人
the others to be judged always there is someone

páng qiāo cè jī de wèn shénxiǎobái tā mā, tā guīnǚ
旁 敲 侧 击 地 问 沈小白 她 妈， 她 闺女
side knock side hit ly asked Shen Xiaobai her mum her daughter
                        insinuately

shìbùshì yǒu shéme wèntí. Zhè bù, qián jǐ tiān chūmén
是不是 有 什么 问题。 这 不， 前 几 天 出门
to be or not has what problem this not before a few days went out
                                          ago

4

hé　tāmen　xiǎoqū　de　lǎo　tàitài　tiào　guǎngchǎng　wǔ,　xiánliáo
和　他们　小区　的　老　太太　跳　广场　舞，　闲聊
with　their　community　of　old　ladies　danced　square　dances　chat

deshíhòu　yòu　bèi　chuōle　fèi　guǎnzi,　shénxiǎobái　tā　mā　yī
的时候　又　被　戳了　肺　管子，　沈小白　她　妈　一
when　again　was (by)　poked　lungs　tube　Shen Xiaobai　her　mum　one

tòng　diànhuà　hōngzhà,　cóng　lǐ　yì　lián
通　电话　轰炸，　从　礼　义　廉
-for calls-　call　bombarded　from　propriety　righteousness　honesty

xiào,　zài　dào　nǚrén　de　shēnglǐ　fāzhǎn,
孝，　再　到　女人　的　生理　发展，
filial piety　then　to　women　's　physical　development

lǎo　wú　suǒ　yī　de　wǎnjǐng　qīliáng,　tā　mā
老　无　所　依　的　晚景　凄凉，　她　妈
old　without　that which　rely on　of　later years　desolated　her　mom
without anyone to lie on when getting old

yòu　jiāng　niàndaole　hěnduō　biàn　de　chéncílàndiào　chóngxīn
又　将　念叨了　很多　遍　的　陈词滥调　重新
again　to　nagged about　many　times　that　cliches　again

tiān　yóu　jiā　cù,　zàishuōle　yībiàn.　shénxiǎobái　duì　zhèxiē　zǎo
添　油　加　醋，　再说了　一遍。　沈小白　对　这些　早
add　oil　add　vinegar　said again　once　Shen Xiaobai　to　these　long ago
to exaggerate

yǒu　dǐkàn,　běn　yǐwéi,　tā　mā　réngrán　huì　xiàng
有　抵抗，　本　以为，　她　妈　仍然　会　像
has　resistance　is supposed to　think　her　mum　still　would　like

yǐqián　yīyàng　suīrán　nàoyínào　dànshì　zhǐyào　tā
以前　一样　虽然　闹一闹　但是　只要　她
before　the same　although　made a scene　but　as long as　she

wēi　bī　lì　yòu,　dòng　zhī　yǐ　qíng
威　逼　利　诱，　动　之　以　情
to threaten　to force　advantage　to entice　to move　someone　with　affection
threaten and bribe

xiǎo	zhī	yǐ	lǐ,	zuìhòu	suīrán	zuǐ	shàng	réngrán
晓	之	以	理，	最后	虽然	嘴	上	仍然
enlighten	~~someone~~	with	reasons	in the end	though	mouth	on	still

bàoyuàn,	dàn	zhìshǎo	huì	yǎn	qí	xī	gǔ	yīduàn
抱怨，	但	至少	会	偃	旗	息	鼓	一段
complained	but	at least	would	lay down	banner	cease	drums	a period of
				stop all the activities				

shíjiān.	Méi	xiǎngdào,	zhè	yīcì,	shěnxiǎobái	tā	mā	zài
时间。	没	想到，	这	一次，	沈小白	她	妈	在
time	without	without think of	this	time	Shen Xiaobai	her	mom	under
		unexpectedly						

yīqún	lǎo	jiěmèi	de	sǒngyǒng	xià,	shì	tiě	le	xīn	de
一群	老	姐妹	的	怂恿	下，	是	铁	了	心	的
a group of	old	sisters	of	egg on	~~under~~	was	iron	—	heart	—
						determined				determined

yāo	bǎ	zìjǐ	nǔ'ér	jià	chūqù.
要	把	自己	女儿	嫁	出去。
have to	~~to~~	her	daughter	marry	off

Cóngcǐ	shěnxiǎobái	de	shēnghuó	jiù	cóng	"gōngzuò—	xiàbān"
从此	沈小白	的	生活	就	从	"工作—	下班"
since then	Shen Xiaobai	's	life	then	from	work	off duty

móshì	biàn	chéngle	"gōngzuò—	xiàbān—	xiāngqīn—	bēngkuì"	móshì,
模式	变	成了	"工作—	下班—	相亲—	崩溃"	模式，
pattern	changed	into	work	off duty	blind date	collapse	pattern

wǒ	wèn	Shénxiǎobái,	xiāngqīn	zhēndì	nàme	bù	kàopǔ	ma?
我	问	沈小白，	相亲	真的	那么	不	靠谱	吗？
I	asked	Shen Xiaobai	blind date	really	so	not	reliable	—

shěnxiǎobái	shuō,	biérén	xiāngqīn	yàome	jiùshì	zìjǐ
沈小白	说，	别人	相亲	要么	就是	自己
Shen Xiaobai	said	the others	have blind date	either	is	themselves

zhēnde	xiǎng	yào	jiàchūqù,	yàome	jiùshì	bèi	fùmǔ	bī	dào
真的	想	要	嫁出去，	要么	就是	被	父母	逼	到
really	want	to	get married	either	is	by	parents	forced	to

墙角 不得不 从，真的 遇到 爱情 的 几率

qiángjiǎo (corner) bùdébù (have no choice but to) cóng, zhēnde (follow / indeed) yùdào (come across) àiqíng (love) de (of) jǐlǜ (odds)

小 之 又 小，她 既然 不 愿意 草草 嫁 人，

xiǎo (small) zhī (—) yòu (again / very little) xiǎo (small), tā (she) jìrán (now that) bù (not) yuànyì (is willing to) cǎocǎo (hastily) jià (marry) rén (people),

那 自然 就是 诸多 挑剔，再 加上 也 不是

nà (then) zìrán (of course) jiùshì (is) zhūduō (a lot of) tiāotì (nitpick), zài (then) jiāshàng (add up / what's more) yě (also) bùshì (is not)

十六七 岁 对 爱情 充满 幻想 的 小

shíliùqī (sixteen or seventeen) suì (years old) duì (about) àiqíng (love) chōngmǎn (is full of) huànxiǎng (illusion) de (who) xiǎo (little)

姑娘，所以 也不是 一 两 句 花言巧语 就 能

gūniáng (girl), suǒyǐ (so) yěbùshì (is not) yī (one) liǎng (two) jù (sentences) huāyánqiǎoyǔ (sweet words) jiù (then) néng (can)

哄到的，自然 成功 率 也 就

hōngdàode (be coaxed), zìrán (naturally) chénggōng (success) lǜ (rate) yě (also) jiù (then)

一 言 难 尽 了。沈小白 说 相亲 就是

yī (one) yán (word) nán (be difficult) jìn (to finish) le. (hard to explain in a few words) shěnxiǎobái (Shen Xiaobai) shuō (said) xiāngqīn (blind date) jiùshì (is)

一次 见证 人类 品种 的 大好 机会，让 你

yīcì (a) jiànzhèng (to witness) rénlèi (human being) pǐnzhǒng (breed) de (of) dàhǎo (big) jīhuì (chance), ràng (to let) nǐ (you)

可以 看到 包裹 在 人类 皮囊 下 的 各色

kěyǐ (can / be able) kàndào (see / to see) bāoguǒ (wrap) zài (in) rénlèi (human) pínáng (skin) xià (under) de (that) gèsè (all kinds of)

7

qípā,	"bùguò",	shěnxiǎobái	wúnài	de	sǒng	sǒng	jiān,
奇葩，	"不过"，	沈小白	无奈	地	耸	耸	肩，
weirdo(s)	However	Shen Xiaobai	reluctant	ly	to shrug	to shrug	shoulders
						shrugs (her) shoulders	

"yěxǔ	zài	biérén	yǎn	lǐ,	wǒ	yě	shì	gè	qípā".
"也许	在	别人	眼	里，	我	也	是	个	奇葩"。
maybe	in	other people's	eyes	~~inside~~	I	also	am	a	weirdo

凤凰 男 一 出手，拖家带口 全都 有

Shénxiǎobái shì bùshì qípā wǒ bù zhīdào, dànshì tā juéduì
沈小白 是 不是 奇葩 我 不 知道，但是 她 绝对
Shen Xiaobai / is / is not / weirdo / I / don't / know / but / she / definitely

shì wǒ shēnbiān gǎn xiǎng gǎn gàn de dìyī rén, zhè
是 我 身边 敢 想 敢 干 的 第一 人， 这
is / my / by side / dares / to think / dares / to do / who / the first / person / this

zhǒng gǎnxiǎnggǎngàn hái tǐxiàn zài duìdài nánrén shēnshang,
种 敢想敢干 还 体现 在 对待 男人 身上，
kind of / dare to think and do / also / embodies / in / treating / men / on the body on

bǐrú tāde qián nányǒu, ràng wǒmen zànqiě jiào tā
比如 她的 前 男友， 让 我们 暂且 叫 他
for example / her / ex / boyfriend / let / us / for the time being / call / him

A jūn. Liǎ rén xiāngshí yú xiàoyuán, qīngchūn de hè'ěrméng
A 君。 俩 人 相识 于 校园， 青春 的 荷尔蒙
A / Mr. / two / people / knew each other / in / school / youth / of / hormone

jiázázhe mēnrède nánfāng sāngná tiān, ràng rén yǒu yī
夹杂着 闷热的 南方 桑拿 天， 让 人 有 一
mingled with / sultry / southern / sauna / weather / making / people / have / a

zhǒng dǔ zài xiōngkǒu wúfǎ
种 堵 在 胸口 无法
kind of (feeling) / struck / in / the chest / cannot

hānchàng línlí de biēmen, yóuqíshì zài
酣畅 淋漓 的 憋闷， 尤其是 在
with ease and verve to one's heart's content / be free from inhibition / of / depression / especially / in

yīxué yuànxiào zhè zhǒng zhǎngdé hěn xiàng gāozhōng plus
医学 院校 这 种 长得 很 像 高中 plus
medical / institution / this / kind / looks / very / like / high school / plus

9

bǎn	de	dàxué	lǐ,	yīxiàng	kuài	yán	kuài	yǔ
版	的	大学	里，	一向	快	言	快	语
version	of	university	~~inside~~	has always been	quick	words	fast	speak
								outspoken

shàncháng	zì	hēi	de	shénxiǎobái	kàndào	biànlùn	duì	"rú
擅长	自	黑	的	沈小白	看到	辩论	队	"儒
to be good at	self	black —		Shen Xiaobai	saw	debate	team	confucian
		make fun of herself						

zhàn	qún	xióng	yī	zhāng	zuǐ,	biànlùn
战	群	雄	一	张	嘴，	辩论
to battle	a group of	warlords	~~once~~	-for mouths-	mouth	to debate

tiānxià	sān	cùn	shé"	de	biāoyǔ	shí,	gǎnjué	zìjǐ
天下	三	寸	舌"	的	标语	时，	感觉	自己
all around the world	three	inches	tongue	of	slogan	time when	felt	herself

zhǎodàole	zǔzhī,	jǐnguǎn	tāde	biànlùn	jīnglì	jǐn
找到了	组织，	尽管	她的	辩论	经历	仅
found	organisation	even though	her	debating	experience	only

fāhuī	yú	cài	shìchǎng,	fúzhuāng	diàn	hé	shāokǎo
发挥	于	菜	市场、	服装	店	和	烧烤
be given scope to	in	vegetable	market	costume	shop	and	barbecue

tān	er.
摊	儿。
stand	—

Zhāomù	xīnrén	de	xuéjiě	kàndào	shénxiǎobái	yěshì
招募	新人	的	学姐	看到	沈小白	也是
recruiting	new members	who	senior (female)	saw	Shen Xiaobai	also

yǎnqián	yī	liàng,	bìjìng	rúguǒ	zhīdào	jiùshì	zhàn	zài
眼前	一	亮，	毕竟	如果	知道	就是	站	在
before eyes to be wowed	once	shine	after all	if	knew	that was	standing	~~in~~

miànqián hūshǎnzhe dà yǎnjīng de xiǎo xuémèi, qiǎngzǒule zìjǐde
面前 忽闪着 大 眼睛 的 小 学妹， 抢走了 自己的
before flasing big eyes who little junior (female) stole her

nán péngyǒu, tā gūjì jiānjué bù huì ràng shénxiǎobái
男 朋友， 她 估计 坚决 不 会 让 沈小白
boy friend she reckoned detemined not would let Shen Xiaobai

jìnlái. Shéi zhī yīnyuán jìhuì, shénxiǎobái
进来。 谁 知 因缘 际会， 沈小白
come in who knew because of destiny (and) happenstance Shen Xiaobai
join

yǒushí hēdàle huì túrán chànhuǐ, rénlèi kěnéng
有时 喝大了 会 突然 忏悔， 人类 可能
sometimes got drunk would suddenly confess human being probable

zhēnde cúnzài yīnguǒ bàoyìng, bùrán wèishéme zìjǐ huì
真的 存在 因果 报应， 不然 为什么 自己 会
really exist karma retribution otherwise why himself/herself would

yīzhí qíng lù kǎnkě ne? Zǒngzhī shénxiǎobái
一直 情 路 坎坷 呢？ 总之 沈小白
always relationship path full of frustrations — anyway Shen Xiaobai

jiùshì píngjièzhe zìjǐ shēnshang nà gǔzi jìn er jìnrùle
就是 凭借着 自己 身上 那 股子 劲 儿 进入了
was with herself on her body her that burst energy — enter

biànlùn shè, bìngqiě yīlù cóng yuàn sài dǎ
辩论 社， 并且 一路 从 院 赛 打
debating club and all the way from department competition fighted

dào le xiào sài, bìngqiě kàozhe zìjǐ xīxiào nù mà
到 了 校 赛， 并且 靠着 自己 嬉笑 怒 骂
till campus competition and with her playfu angry scolding

de	bǐsài	fēnggé,	sài	chūle	míngqì,	sài	chūle
的	比赛	风格，	赛	出了	名气，	赛	出了
of	competition	style	to compete	out	reputation	to compete	out

shuǐpíng.	Nà	shí	de	biànlùn	bǐsài	hái	méiyǒu	xiànzài	zhème
水平。	那	时	的	辩论	比赛	还	没有	现在	这么
level	that	time	of	debating	competition	still	not	now	such

guǎngfàn	de	bèi	rén	jiēshòu,	dàjiā	yě	dū	shì	kàn	yīxiē
广泛	地	被	人	接受，	大家	也	都	是	看	一些
popular	~~ly~~	by	people	accepted	everyone	aslo	all	were	saw	some

shìpín	hé	mófǎng	xuéjiě	xuézhǎng,	yīwèi	dànfán
视频	和	模仿	学姐	学长，	一位	但凡
videos	and	imitate	(female) seniors	(male) seniors	anyone	in every case

bǐsài	dōu	yīdìng	yào	hēisè	xīzhuāng	yīsībùgǒu,
比赛	都	一定	要	黑色	西装	一丝不苟，
goes to compete	all	have to	need (to wear)	black	suit	conscientiously

shénxiǎobái	juédé	tài	yāyì,	míngmíng	yīgègè	dōu	xiǎng	sīzhe
沈小白	觉得	太	压抑，	明明	一个个	都	想	撕着
Shen Xiaobai	felt	too	depressed	obviously	everyone	all	wanted to	tear

duìfāng	lǐngkǒu,	hái	yào	zhuāng	zuò	yīběnzhèngjīng
对方	领口，	还	要	装	作	一本正经
the other side	collar	still	needed to	pretended	as	being serious

"duìfāng	biàn	yǒu".	Shénxiǎobái	bú	shì,	tā	bǎ	zìjǐ	de
"对方	辩	友"。	沈小白	不	是，	她	把	自己	的
the other side	debating	friend	Shen Xiaobai	not	was	she	~~to~~	herself	's

bǐsài	zǒngjié	wéi	"cài	shìchǎng	chǎojià	ffēng",	fúzhuāng
比赛	总结	为	"菜	市场	吵架	风"、	服装
competition	summed up	as	vegetable	market	arguement	style	costume

diàn	tǎo	jià	huán	jià	fēng"	yǐjí	"shāokǎo	tān	er
店	讨	价	还	价	风"	以及	"烧烤	摊	儿
shop	to ask for price bargain	price	to give back	price	style	and	barbecue	stand	—

xìnkǒukāihé fēng". Yīnwéi dàjiā zhīqián dōu zhōngguīzhōngjǔ,
信口开河 风"。 因为 大家 之前 都 中规中矩,
talk at random style becuase everyone before all regular

tūrán pèngshàng bù yīyàngde, dōu yǒudiǎn zhāojià bùzhù,
突然 碰上 不 一样的, 都 有点 招架 不住,
suddenly ran into not same all a little bit hold one's own unabkle to

suǒyǐ shénxiǎobái yějiù yīzhí suǒxiàngpīmí, zhídào yùshàng A jūn.
所以 沈小白 也就 一直 所向披靡, 直到 遇上 A 君。
so Shen Xiaobai then all the way unbeatable until met A Mr.

A jūn shì xuéjiě de xuézhǎng. Zhèyàng shuō yǒudiǎner
A 君 是 学姐 的 学长。 这样 说 有点儿
A Mr. was (female) senior 's (male) senior like this said somewhat

rào, huàn yán zhī jiùshì A jūn yě shì xuéjiě de
绕, 换 言 之 就是 A 君 也 是 学姐 的
confused to change word — that was A Mr. also was (female) senior 's
in other words Mr. A

qiánbèi, céngjīng yě shì xuéxiào biàn tán de dàshén zhīyī,
前辈, 曾经 也 是 学校 辩 坛 的 大神 之一,
predecessor once also was school debating circle of mater one of

xiànzài yīnwèi línjìn bìyè zài shíxí, suǒyǐ
现在 因为 临近 毕业 在 实习, 所以
now because is coming graduation is in intership so

chángjiāng hòu làng tuī qiánlàng, zhè cì yīnwèi shíxí
长江 后 浪 推 前浪, 这 次 因为 实习
the Yangtse River rear wave push front wave this time because of intership
the new is constantly replacing the old

jiéshù fǎn xiào xiě lùnwén de yuángù, cái yǒu
结束 返 校 写 论文 的 缘故, 才 有
ended came back to school to write essay of reason then had

jīhuì zhǐdǎo biànlùn duì hòubèi, zhè yī zhǐdǎo jiù zhǐdǎo
机会 指导 辩论 队 后备, 这 一 指导 就 指导
opportunity guide debating group juniors this one guidance then led

13

jìnle shénxiǎobái de xīnkǎn, xuézhǎng Ajūn shēngyīn dīchén
进了 沈小白 的 心坎， 学长 A君 声音 低沉
into Shen Xiaobai 's heart (male) senior Mr. A voice low and deep

yǒulì, shuōqǐhuàlái bù jí bù xú, bùguǎn nǐde huàyǔ duōme
有力， 说起话来 不 疾 不 徐， 不管 你的 话语 多么
strong when speaking not rush not slow no matter your words so

diāozuān, xuézhǎng liǎn shàng yǒngyuǎn guàzhe xiàoróng,
习钻， 学长 脸 上 永远 挂着 笑容，
crafty (male) senior face on always (was hanging) with smile

yòu shì bāoróng yòu xiàng cháonòng, jīqǐ qiān céng bōlàng,
又 似 包容 又 像 嘲弄， 激起 千 层 波浪，
both like tolerating and like mocking causing thousand layers wave

dàngyàngle gūniáng xīnfáng. Zài dé zhī xuézhǎng yǐjīng
荡漾了 姑娘 心房。 在 得 知 学长 已经
rippling girl's heart when getting to know (male) senior already

xīn yǒu suǒshǔ yě méiyǒu zǔdǎng zhù shénxiǎobái
心 有 所属 也 没有 阻挡 住 沈小白
heart to have belong to still not stopped was able to Shen Xiaobai
his heart belongs to someone else

de "zhuī fū lù", lèngshì ruǎn mó yìng pào,
的 "追 夫 路"， 愣是 软 磨 硬 泡，
's chasing man path insisted on softly to grind to harden to soak
coaxed and pestered

lǜchá biǎo yě dāngle, xīnjī nǚ de shǒuduàn yěshì
绿茶 婊 也 当了， 心机 女 的 手段 也是
green tea bitch also to be calculating girl 's means also

yàngyàng dōu lái, zuìzhōng bào dé měinán guī. Wǒ
样样 都 来， 最终 抱 得 美男 归。 我
every kind all came finally hold could handsome boy to go back I

céngjīng wènguò shénxiǎobái zhèyàng zuò yǒuméiyǒu shéme xīnlǐ
曾经 问过 沈小白 这样 做 有没有 什么 心理
once asked Shen Xiaobai like this did had or not any mentally

14

fùdān, shénxiǎobái lǐ zhí qì zhuàng, miàn wú kuìsè
负担， 沈小白 理 直 气 壮， 面 无 愧色
burden Shen Xiaobai reason direct breath strong face without shame
with great confidence

"shéide xīnhuān bùshì biérén de jiù ài ne".
"谁的 新欢 不是 别人 的 旧 爱 呢"。
who's new lover is not other 's old lover —

Dào yěshì yǒuguò nǐ nóng wǒ nóng de tiánmì shíguāng, wǒ
倒 也是 有过 你 侬 我 侬 的 甜蜜 时光， 我
actually also had you you (dialect) I you of sweet moments I
lovey-dovey

xiǎng piāohàn rú shénxiǎobái hé Ajūn zài yīqǐ qián liǎng
想 剽悍 如 沈小白 和 A君 在 一起 前 两
think fierce as Shen Xiaobai and Mr.A were together the first two

nián de wēnróu guāngmáng kěndìng bùshì jiǎde, zhǐshì rénlèi
年 的 温柔 光芒 肯定 不是 假的， 只是 人类
year of gentle shine surely was not fake only human being

zhè zhǒng shēngwù zǒngshì bùnéng shēnjiù, zhōngguórén
这 种 生物 总是 不能 深究， 中国人
this kind creature always cannot investigate in depth Chinese people

jiǎng hūnyīn bùshì liǎnggè rén de shìqíng ér shì liǎng jiārén
讲 婚姻 不是 两个 人 的 事情 而 是 两 家人
say marriage is not two people 's issue but is two families

de shìqíng. Xuéshēng shídài zhǐyào liǎnggèrén xiāng'ài jiù
的 事情。 学生 时代 只要 两个人 相爱 就
's issue (in) student age as long as two people love each other then

kěyǐ, dāng wǒmen fēnfēn bìyè, kāishǐ xiǎng zǒu
可以， 当 我们 纷纷 毕业， 开始 想 走
be fine when we one by one graduated started to think about walk

jìn rénshēng de xià yībù què shì quánrán bùtóng.
进 人生 的 下 一步 却 是 全然 不同。
into life of next step yet is totally different

Ajūn jiā shì nóngcūn, chúle zìjǐ zhīwài, jiālǐ
A君 家 是 农村， 除了 自己 之外， 家里
Mr.A family is (from) rural area except himself ~~excluding~~ in the family

háiyǒu yīgè dìdì yīgè mèimei. Zìcóng Ajūn
还有 一个 弟弟 一个 妹妹。 自从 A君
still one (younger) brother one (younger) sister since Mr.A

bìyè zhīhòu bùguāng yào fùdān zìjǐ de huāxiāo, hái
毕业 之后 不光 要 负担 自己 的 花销， 还
graduating after not only needs to bear himself 's expense even

yào bǔzhù jiālǐ, suǒyǐ duì shénxiǎobái jiù nánmiǎn
要 补助 家里， 所以 对 沈小白 就 难免
needs to subsidy family so to Shen Xiaobai then hard to avoid

jiéjiǎnle yīxiē. Shénxiǎobái shì jiālǐ de dú nǚ, suīrán
节俭了 一些。 沈小白 是 家里 的 独 女， 虽然
frugality a little bit Shen Xiaobai is family 's only daughter though

bùshì shénme dà fù dà guì de jiātíng, dàn yě suàn
不是 什么 大 富 大 贵 的 家庭， 但 也 算
is not what big rich big noble of family but as well be counted as
          very rich

xiǎokāng, zài jiā shàng jiù yīgè háizi, jiù gèng shì
小康， 再 加 上 就 一个 孩子， 就 更 是
fairly well-off even more add up just one child then more is
            and on top of that

jiāoguàn. Suǒyǐ Ajūn yīzhí juédé Shénxiǎobái huā
娇惯。 所以 A君 一直 觉得 沈小白 花
spoiled therefore A Mr. all the time thought (that) Shen Xiaobai spends

qián dàshǒu dàjiǎo, kēkēbànbàn chǎoguò hěnduō cì. Shénxiǎobái
钱 大手 大脚， 磕磕绊绊 吵过 很多 次。 沈小白
money big hands big feet up and down argued many times Shen Xiaobai
      extravagantly

juédé wěiqū, zìjǐ yě méiyǒu huā nán péngyǒu de qián,
觉得 委屈， 自己 也 没有 花 男 朋友 的 钱，
felt being wrong she — didn't spend boy friend 's money

16

fǎn'ér 反而 instead — yīnwéi 因为 because — zhīdào 知道 knew — Ajūn A君 Mr.A — jiālǐ 家里 family — de 的 's — zhuàngkuàng, 状况， situation — shícháng 时常 often

xiǎng 想 to think up — fāng 方 method — shè 设 to work out — fǎ 法 way — jiǎnqīng 减轻 to reduce — tāde 他的 his — fùdān. 负担。 burden — Suīrán 虽然 Even though

think up every possible ways and means

zhège 这个 this — máodùn 矛盾 conflict — yīzhí 一直 all the time — zài, 在， exist — dànshì 但是 but — yīnwèi 因为 since — hè'ěrméng 荷尔蒙 hormone

shàngtóu, 上头， had impact on one's emotions — shénxiǎobái 沈小白 Shen Xiaobai — juédé 觉得 thought — bùguǎn 不管 no matter — zěnyàng, 怎样， what — Ajūn A君 Mr.A

hé 和 and — tā 她 her — zǒngshì 总是 always — bǐcǐ 彼此 each other — xiāng'ài, 相爱， love each other — suǒyǐ 所以 so — hěnduō 很多 many — shíhòu 时候 time — dōu 都 all — zài 在 is

fǎnsī 反思 rethinking — zìjǐ. 自己。 herself

Zuìzhōngde 最终的 final — bàofā 爆发 explosion — shì 是 was — zài 在 on — tán 谈 talk about — hūn 婚 marriage — lùn 论 discuss — jià 嫁 marry — de 的 of

talking about marriage

qiánxī, 前夕， eve — nà 那 that — shí 时 time — Ajūn A君 Mr.A — yǐ 已 already — bìyè 毕业 had graduated — sì 四 four — nián, 年， years — shénxiǎobái 沈小白 Shen Xiaobai

cái 才 just — chū 初 the first time — chū 出 out of — máolú. 茅庐。 thatched cottage — Shénxiǎobái 沈小白 Shen Xiaobai — bà 爸 dad — mā 妈 mum — xīnténg 心疼 love

was a green hand

nǚ'ér 女儿 daughter — suǒyǐ 所以 therefore — hěn 很 very — zǎo 早 long ago — jiù 就 then — zài 在 in — shìqū 市区 central — gěi 给 to — shénxiǎobái 沈小白 shen Xiaobai

măihăole yī tào fángzi, cuīcù Shénxiăobái zăozăo
买好了 一 套 房子， 催促 沈小白 早早
bought a -for houses- flat urging Shen Xiaobai as early as possible

jiéhūn. Zhōngguóde fángjià cónglái dōu shì hénggèn zài
结婚。 中国的 房价 从来 都 是 横亘 在
to get married Chinese house prices have always all been spanning in

niánqīng rén xīntóu de yīzuò dàshān, gèng hékuàng Ajūn
年轻 人 心头 的 一座 大山， 更 何况 A君
young people mind of a huge mountain even more let alone Mr.A

de jiātíng zhuàngkuàng, suŏyĭ shénxiăobái bìng méiyŏu duì Ajūn
的 家庭 状况， 所以 沈小白 并 没有 对 A君
's family situation so Shen Xiaobai at all didn't to Mr.A

zhūduō yāoqiú, tā xiăng fănzhèng yĭhòu yěshì yīqĭ
诸多 要求， 她 想 反正 以后 也是 一起
a great deal asked she thought anyway in the future too together

zhù, zhĭyào yŏu jiù kěyĭle, shéi măi de bìng bù
住， 只要 有 就 可以了， 谁 买 的 并 不
live as long as to have then be fine whoever buy — (not) at all not

chóngyào, zhìyú căilĭ shénmede gèng zhĭshì
重要， 至于 彩礼 什么的 更 只是
important as for dowry whatever more just
money husband gives to wife's family

zŏu gè chăngmiàn, yìng gè chuántŏng bàle. Shénxiăobái de
走 个 场面， 应 个 传统 罢了。 沈小白 的
walk a scene answer a tradition nothing else Shen Xiaobai 's
as a formality

fùmŭ shāo yŏu wēicí, dànshì kàn zài zìjĭ jiā
父母 稍 有 微词， 但是 看 在 自己 家
parents slightly had complaints but see in themselves family
be for the sake of

nǚ'ér de miànzi shàng yě jiù bù shuō shénme, rènwéi
女儿 的 面子 上 也 就 不 说 什么， 认为
daughter 's face on and then not say anything thinking
feelings

18

zhǐyào	wèiláide	nǚxù	duì	zìjǐ	jiā	nǚ'ér	hǎo	jiù
只要	未来的	女婿	对	自己	家	女儿	好	就
as long as	future	son-in-law	treat	their	~~family~~	daughter	well	then

kěyǐle.	Wànshì	bàntuǒ,	Ajūn	de	bà	mā	yě	dào
可以了。	万事	办妥，	A君	的	爸	妈	也	到
was fine	all things	were settled	Mr.A's	's	dad	mum	also	came to

chéng	lǐ	lái	gēn	qìngjiā	xiāng	jiàn,	méi	xiǎngdào	chàzǐ
城	里	来	跟	亲家	相	见，	没	想到	岔子
the town	~~inside~~	to	with	in-laws	each other	meet	didn't	expect	trouble

chū	zàile	zhèlǐ.
出	在了	这里。
came out	in	here

Ajūn	de	dìdì	jiéhūn	zǎo,	háizi	jiù	dāi	zài
A君	的	弟弟	结婚	早，	孩子	就	待	在
Mr.A	's	younger brother	got married	early	children	then	stayed	with

nǎinai	yéyé	shēnbiān,	yīnwéi	èr	érzi	hé	xífù
奶奶	爷爷	身边，	因为	二	儿子	和	媳妇
grandma	grandpa	side	since	second	son	and	daughter-in-law

wàichū	dǎgōng,	lǎo	liǎngkǒu	biàn	zhíjiē	dàizhe	sūnzi	lái
外出	打工，	老	两口	便	直接	带着	孙子	来
went away	to work	old	couple	then	directly	took with	grandson	to

dàole	shénxiǎobái	jiā.	Běnlái	shénxiǎobái	xiǎng	zài	wàimiàn
到了	沈小白	家。	本来	沈小白	想	在	外面
come to	Shen Xiaobai	home	originally	Shen Xiaobai	wanted to	~~in~~	outside

dìng	yījiā	jiǔdiàn	gěi	wèiláide	pópo	gōnggong	zhù,
定	一家	酒店	给	未来的	婆婆	公公	住，
reservered	a	hotel	to	future	mother-in-law	father-in-law	to live

dànshì	Ajūn	fùmǔ	yǐ	làngfèi	qián	wéi	yóu	jùjuéle,	zhíjiē
但是	A君	父母	以	浪费	钱	为	由	拒绝了，	直接
but	Mr.A	parents	took	wasting	money	as	reason	rejected	directly

19

住 进了 未来 儿 媳妇 的 家, 沈小白 不 是 很
zhù jìnle wèilái ér xífù de jiā, shénxiǎobái bú shì hěn
live into future son wife -'s- house Shen Xiaobai not was very
daughter-in-law

习惯 和 长辈 居住, 再加上 有 小孩, 所以
xíguàn hé zhǎngbèi jūzhù, zàijiāshàng yǒu xiǎohái, suǒyǐ
used to with the elders living together with there was child so

想 和 A君 商量 能 不能 由 他 去 说, 让
xiǎng hé Ajūn shāngliáng néng bùnéng yóu tā qù shuō, ràng
thinking of with Mr.A discuss could could not let him to say to let

未来 婆婆 公公 让步, 可是 刚 开口 A君
wèilái pópo gōnggōng ràngbù, kěshì gāng kāikǒu Ajūn
future mother-in-law father-in-law give in but just started to talk Mr.A

便 用 自己 父母 不 容易, 就 想 看 一 看 儿子
biàn yòng zìjǐ fùmǔ bù róngyì, jiù xiǎng kàn yī kàn érzǐ
then used his parents not easy just wanted to see one see son
took have a look

现在的 好 日子 为 由 劝 过去, 沈小白 心
xiànzàide hǎo rìzi wèi yóu quàn guòqù, shénxiǎobái xīn
nowaday good day as reason persuaded over Shen Xiaobai heart

一 软 忍了。 看着 这 一 大家子 人 毫 不
yī ruǎn rěnle. Kànzhe zhè yī dàjiāzi rén háo bù
one soft put up with it seeing this one big family pepole at all not

客气 住 进 自己 家, 沈小白 觉得 头 大,
kèqì zhù jìn zìjǐ jiā, shénxiǎobái juédé tóu dà,
being courteous live into herself's house shen Xiaobai felt head big
felt overwhelmed

如果 只是 这 几 天 也 罢了, 沈小白 想,
rúguǒ zhǐshì zhè jǐ tiān yě bàle, shénxiǎobái xiǎng,
if just these several days then nothing else Shen Xiaobai thought

反正 自己 也 不 会 和 婆婆 住, 也就 这
fǎnzhèng zìjǐ yě bù huì hé pópo zhù, yějiù zhè
anyway she aslo not would with mother-in-law live just these

20

jǐ	tiān	le,	suǒyǐ	yě	rèrèqíngqíng,	zìjué	shì
几	天	了，	所以	也	热热情情，	自觉	是
several	days	—	so	then	warmly	feeling herself	was

yǒu	shēng	yǐlái	dài	kè	zuì	zhōudào	de	yīcì,	dànshì
有	生	以来	待	客	最	周到	的	一次，	但是
have	birth	since	treating	guests	the most	attentive	of	~~once~~	but

eve since her birth

wèiláide	pópo	què	fǎn	kè	wéi	zhǔ,	fān
未来的	婆婆	却	反	客	为	主，	翻
future	mother-in-law	yet	to reverse	guest	as	host	searched

the guset act as host

shénxiǎobái	de	shǒushì	hé	yīguì,	shǔluò	shénxiǎobái	luàn
沈小白	的	首饰	和	衣柜，	数落	沈小白	乱
Shen Xiaobai	's	jewelry	and	closet	reproving for	Shen Xiaobai	recklessly

huā	qián,	dànshì	zhǐyào	kàndào	hǎo	dōngxī,	jiù	yǐ	ràng
花	钱，	但是	只要	看到	好	东西，	就	以	让
spending	money	but	once	saw	good	things	then	took	let

xiāngxiàde	érzǐ	nǚ'ér	jiàn	jiàn	shìmiàn	wèi	jièkǒu	xiǎng	yào
乡下的	儿子	女儿	见	见	世面	为	借口	想	要
countryside	son	daughter	see	see	world	as	excuse	wanting	to

have a look

ná	zǒu,	shénxiǎobái	gàosù	Ajūn,	jiànmiànlǐ	shì	jiànmiànlǐ,
拿	走，	沈小白	告诉	A君，	见面礼	是	见面礼，
take	away	Shen Xiaobai	told	Mr.A	greeting gift	is	greeting gift

gènghékuàng,	zhǐ	tīngguò	xīn	xífù	shōu
更何况，	只	听过	新	媳妇	收
what's more	only	have heard of	new	young married woman	receive

pópo	jiànmiànlǐ	méi	jiànguò	pópo	shōu	xīn
婆婆	见面礼	没	见过	婆婆	收	新
mother-in-low	greeting gift	not	have seen	mother-in-law	receive	new

xífù	jiànmiànlǐ	de	ba?	Ajūn	gāng	zuòwán	yītiānde
媳妇	见面礼	的	吧？	A君	刚	做完	一天的
young married woman	welcome gift	—	—	Mr.A	just	finished	a day's

手术 回 家，听 沈小白 说起 便 说，家里
shǒushù huí jiā, tīng shénxiǎobái shuōqǐ biàn shuō, jiālǐ
operation back home heared Shen Xiaobai brought up then said family

花了 很大的 代价 才 将 他 供 出来，自己 一直 对
huāle hěndàde dàijià cái jiāng tā gōng chūlái, zìjǐ yīzhí duì
paid great price then ~~to~~ him afford ~~out~~ he all the time to

其他的 兄弟 姐妹 有 愧，自己 的 母亲 也是 受了
qítāde xiōngdì jiěmèi yǒu kuì, zìjǐ de mǔqīn yěshì shòule
the other brothers sisters have regrets himself 's mum also suffered

很多 苦…… 沈小白 听着 听着 觉得 这个 意思
hěnduō kǔ…… Shénxiǎobái tīngzhe tīngzhe juédé zhège yìsi
many hardship Shen Xiaobai listened to listened to felt this opinion
while listening

不对，但是 A君 态度 诚恳 眼中 泛 泪，
bùduì, dànshì Ajūn tàidù chéngkěn yǎnzhōng fàn lèi,
not right but Mr.A attitude sincere in the eyes glistened tears

沈小白 觉得 自己 像 是 一个 拳头 打 到 棉花
shénxiǎobái juédé zìjǐ xiàng shì yīgè quántóu dǎ dào miánhuā
Shen Xiaobai felt herself like was a fist hit on cotton

上。得 得 得，看在 他 刚刚 下 手术
shàng. Dé dé dé, kànzài tā gānggāng xià shǒushù
~~on~~ fine fine fine because of he just came down from operating

台 的 份儿 上，沈小白 就 饶了 他，顺便
tái de fèner shàng, shénxiǎobái jiù ráole tā, shùnbiàn
table ~~of~~ portion on Shen Xiaobai then let off him incidentally
degree

捋 一 捋 这个 逻辑 到底 错 在
lǚ yī lǚ zhège luójí dàodǐ cuò zài
to smooth with fingers one to stroke this logic exactly went wrong in
to sort out

哪儿。
nǎ'er.
where

22

沈小白 坐 在 阳台 泡了 杯 茶，听见 未来的
Shénxiǎobái zuò zài yángtái pàole bēi chá, tīngjiàn wèiláide
Shen Xiaobai sat in balcony soaking/making a cup of tea heard future

婆婆 在 卧室 用 他们 家乡话 骂着 谁，
pópo zài wòshì yòng tāmen jiāxiānghuà màzhe shéi,
mother-in-law in bedroom with their native dialect cursing someone

算了 算了，不是 他们 家 老的 就是 他们 家
suànle suànle, bùshì tāmen jiā lǎode jiùshì tāmen jiā
forget it forget it either their family the elders or their family

小的，总 不 至于 骂 她 吧？骂骂咧咧
xiǎode, zǒng bù zhìyú mà tā ba? Màmaliēliē
the younger at least not went so far as to curse her — scolding

打开 卧室 门 就要 出来，看到 坐在 外面的
dǎkāi wòshì mén jiùyào chūlái, kàndào zuòzài wàimiànde
opened bedroom door almost came out seeing sitting outside

沈小白 后，换了 一 副 打秋风 的 嘴脸 坐 在
shénxiǎobái hòu, huànle yī fù dǎqiūfēng de zuǐliǎn zuò zài
Shen Xiaobai after changed a ~~look~~ make a touch of feature sitting in

沈小白 对面的 椅子 上，用 不 标准的 普通话
shénxiǎobái duìmiànde yǐzi shàng, yòng bù biāozhǔndì pǔtōnghuà
Shen Xiaobai opposite chair ~~on~~ with not standard Manderin

说道 "儿 媳妇 呀，我 一个 乡下 老婆子 你 别
shuōdao "ér xífù ya, wǒ yīgè xiāngxià lǎopózi nǐ bié
saying son wife — I am a countryside old woman you don't

见怪"。沈小白 客气 说了 句 哪里 的 话。
jiànguài". Shénxiǎobái kèqì shuōle jù nǎlǐ de huà.
take offense Shen Xiaobai politely said ~~sentence~~ where that word
it was nothing

老婆子 似乎 并 不在乎 沈小白 的 态度，而是
Lǎopózi sìhū bìng bùzàihū shénxiǎobái de tàidù, érshì
old woman seemed at all didn't care Shen Xiaobai 's attitude instead

jìngzhí	shuōle	xiàqù	"wǒ	er	tā	diē	shì	gè	méi	běnshìde,
径直	说了	下去	"我	儿	他	爹	是	个	没	本事的,
straightaway	saying	kept on	My	son	his	dad	is	a	without	useless

jiālǐ	zì	xiǎo	jiù	bù	fùyù,	yào
家里	自	小	就	不	富裕,	要
in the family	since	small	already	not	rich	needed to

lā	chě	tāmen	jiěmèi	sāngèrén	zhuóshí	xīnkǔ,
拉	扯	他们	姐妹	三个人	着实	辛苦,
to drag	to pull	their	sisters	three people	really	hard

take great pains to bring up

jīngcháng	shì	wèi	bǎole	xiǎode	wèi	bù	bǎo	dàde,"
经常	是	喂	饱了	小的	喂	不	饱	大的,"
ofter	~~was~~	fed	be full	the youngers	fed	not	be full	the olders

shuōzhe	biàn	kāishǐ	mǒ	lèi,	Shénxiǎobái	nále	zhǐjīn
说着	便	开始	抹	泪,	沈小白	拿了	纸巾
while saying	then	began to	wipe away	tears	Shen Xiaobai	took	tissue

sāigěi	tā,	xīn	xiǎng	zhè	chē	gūlu	huà	tā
塞给	她,	心	想	这	车	轱辘	话	她
to give to	her	in heart	thinking	these	car	wheel	talk	she

repetitious(dialect)

yǐjīng	cóng	wèilái	pópo	zuǐ	lǐ,	gōnggong	zuǐ	lǐ,
已经	从	未来	婆婆	嘴	里,	公公	嘴	里,
had already	from	future	mother-in-law	mouth	~~in~~	father-in-law	mouth	~~in~~

háiyǒu	zìjǐ	zhǔn	lǎogōng	zuǐ	lǐ	tīngliǎo	bùxià	shí	cì,
还有	自己	准	老公	嘴	里	听了	不下	十	次,
and	her	to-be	husbund	mouth	~~in~~	heard	not less than	ten	times

suīrán	qí	qíng	kě	mǐn,	dàn	shuō	duō	liǎo
虽然	其	情	可	悯,	但	说	多	了
even though	one's	feelings	deserve	sympathy	but	said	too much	—

bùmiǎn	ràng	rén	juédé	nánkān.	"Cónglái	ǎnmen	jiā	shì
不免	让	人	觉得	难堪。	"从来	俺们	家	是
unavoidablely	let	people	think	intorelable	always	our	family	is
						(dialect)		

村里 垫底的，可是 俺 儿 争气，从小
cūnlǐ diàndǐde, kěshì ǎn ér zhēngqì, cóngxiǎo
in the village / at the bottom (dialect) / but / my / son / fights to excel / since childhood

学习 就 好，是 俺们 村 唯一 一个 考上
xuéxí jiù hǎo, shì ǎnmen cūn wéiyī yīgè kǎoshàng
studies / already / well / is / our (dialect) / village / the only / one / was admitted to

县里 重点 中学 的，后来 又 上了 重点
xiànlǐ zhòngdiǎn zhōngxué de, hòulái yòu shàngle zhòngdiǎn
in town / key / middle school / — / later / again / went to / key

医科 大学，俺们 村 都 说 俺 儿 是
yīkē dàxué, ǎnmen cūn dōu shuō ǎn ér shì
medical / university / our (dialect) / village / all / say / my / son / is

山窝 里 飞 出 的 金 凤凰。" 老 太太
shānwō li fēi chū de jīn fènghuáng." Lǎo tàitài
out-of-the-way mountain area / in / fly / out / of / golden / phoneix / old / lady

说 到 这儿，昂 首 挺 胸 满 脸 骄傲，
shuō dào zhè'er, áng shǒu tǐng xiōng mǎn liǎn jiāo'ào,
said / till / here / held up / head / straightened up / chest / whole / face / pride
（with chin up and chest out）

自己 彷佛 也 披上了 一 层 金色 羽毛，成了
zìjǐ fǎngfú yě pīshàngle yī céng jīnsè yǔmáo, chéngle
herself / seemed / also / donned / a / layer / golden / feather / became

"凤凰" 他 娘。"可是"，突然 话锋 一
"fènghuáng" tā niáng. "Kěshì", túrán huàfēng yī
phoenix / his / mother / However / suddenly / topic of conversation / once

转，又 一 脸 泫然 泪 下 "俺 儿 现在
zhuǎn, yòu yī liǎn xuànrán lèi xià "ǎn ér xiànzài
switch / again / one / look / falling / tears / down / my (dialect) / son / now
（all over the face）

què	yào	zuò	biérén	jiā	de
却	要	做	别人	家	的
yet	needs	to be	someone's	family	's

shàng	mén	nǔxù......"	Shénme	shàngmén
上	门	女婿......"	什么	上门
come to	door	son-in-law	what	live-in

marry into and live with the bride's family

nǔxù,	Shénxiǎobái	yī	liǎn	mángrán	"āyí,	nín	shuō
女婿，	沈小白	一	脸	茫然	"阿姨，	您	说
son-in-law	Shenxiaobai	one	face	confused	auntie	you (respect)	said

all over the face

zhè	huà	shénme	yìsi,	shénme	jiào	shàngmén	nǔxù"?
这	话	什么	意思，	什么	叫	上门	女婿"？
these	word	what	mean	what	means	live-in	son-in-law

Lǎotàipó	kàndào	shénxiǎobái	de	biǎoqíng,	yīzhèn	huānxǐ,	lāzhù
老太婆	看到	沈小白	的	表情，	一阵	欢喜，	拉住
old woman	saw	Shen Xiaobai	's	expressions	a thrill of	joy	holding

shénxiǎobái	de	shǒu	"háizi,	ǎn	jiù	zhīdào	nǐ	bù
沈小白	的	手	"孩子，	俺	就	知道	你	不
Shen Xiaobai	's	hand	child	I (dialect)	—	know	you	do not

xiánqì	ǎnmen	jiā,	nǐ	shì	bùshì	yě	yuànyì	bǎ
嫌弃	俺们	家，	你	是	不是	也	愿意	把
give cold shoulder to	our (dialect)	family	you	is	is not	also	willing to	to

whether or not

zhège	fángzi	fēn	gěi	ǎn	ér	yībàn,	āyí	bù	tānxīn,	dànshì
这个	房子	分	给	俺	儿	一半，	阿姨	不	贪心，	但是
this	house	divide	to	my (dialect)	son	a half	auntie I	not	greedy	but

zǒng	bùnéng	ràng	ǎn	ér	zhù	dào	biérén	jiā	qù......"
总	不能	让	俺	儿	住	到	别人	家	去......"
in every case	cannot	let	my (dialect)	son	live	in	other's	home	—

26

听到 这儿 沈小白 终于 明白了， 原来 是 在
Tīngdào zhè'er shénxiǎobái zhōngyú míngbáile, yuánlái shì zài
(heard / here / Shen Xiaobai / finally / understood / it turned out that / was / in)

这儿 等着 她 呢， 老 太太 惦记 的 是 她 爸
zhè'er děngzhe tā ne, lǎo tàitài diànjì de shì tā bà
(here / waiting for / her / — / old / woman / thought of / what / was / her / dad)

妈 给 她 买 的 这套 房， 想要
mā gěi tā mǎi de zhètào fáng, xiǎngyào
(mum / to / her / bought / that / this / flat / wanted to)

空 手 套 白 狼。 沈小白 在 明白 这
kōng shǒu tào bái láng. Shénxiǎobái zài míngbái zhè
(empty / hand / to harness / white / wolf / Shen Xiaobai / when / understood / this)
to get something without spending a cent

一点 后 突然 笑了， 她 终于 明白 自己 最近
yīdiǎn hòu túrán xiàole, tā zhōngyú míngbái zìjǐ zuìjìn
(one point / after / suddendy / laughed / she / finally / figured out / herself / recently)

委屈 但 又 说不出 的 点儿 在 哪儿 了，
wěiqū dàn yòu shuōbùchū de diǎner zài nǎ'er le,
(felt wronged / but / — / couldn't say / of / point / -to be-was / where / —)

沈小白 叫醒 躺 在 床上 的 A君，
shénxiǎobái jiàoxǐng tǎng zài chuángshàng de Ajūn,
(Shen Xiaobai / woke up / laying / on / bed / who / Mr.A)

不 死 心 地 想 当面 问一问， 尽管 她
bù sǐ xīn de xiǎng dāngmiàn wènyīwèn, jǐnguǎn tā
(not / to die / heart / ly / wanted to / face to face / ask / even though / her)
unwilling to give up

心里 也 知道， 如果 不是 A君 提， 一个 从没
xīnlǐ yě zhīdào, rúguǒ bùshì Ajūn tí, yīgè cóngméi
(heart / laso / knew / if / wasn't / Mr.A / mentioned / a / had never)

niànguò	shū	de	xiāngxià	lǎo	tàitài	juéduì	bù	zhīdào
念过	书	的	乡下	老	太太	绝对	不	知道
read book be educated	book	who	countryside	old	woman	definitely	not	know

fángchǎn	zhèng	zhīlèide	dōngxī.
房产	证	之类的	东西。
house property	certificate	such	thing

Ajūn	miànduì	shénxiǎobái	de	zhìwèn,	xiǎndé	yǒudiǎn
A君	面对	沈小白	的	质问，	显得	有点
Mr.A	confronting with	Shen Xiaobai	's	questioning	looked	somewhat

xiū	nǎo	"xiǎobái,	nǐ	bié	zhème	duōduōbīrén,	wǒ	mā	zhǐshì
羞	恼	"小白，	你	别	这么	咄咄逼人，	我	妈	只是
ashamed	angry	Xiaobai	you	don't	so	be aggressive	my	mum	just

wèile	ràng	wǒ	bù	shòu	wěiqū,	tā	lǎorénjiā	shēntǐ
为了	让	我	不	受	委屈，	她	老人家	身体
for the sake of	let	me	not	suffer	grievance	she	old women (polite)	body health

bù	hǎo,	nǐ	bié	qì	tā."	Shénxiǎobái	shì	yī	jì
不	好，	你	别	气	她。"	沈小白	似	一	记
not	good	you	don't	make angry	her	Shen Xiaobai	as if	one	-for times-

mēn	chuí	dǎ	zài	xiōngkǒu	"wǒ	duōduōbīrén?	Wǒ	qì	tā?
闷	锤	打	在	胸口	"我	咄咄逼人？	我	气	她？
muffled	hammer	hit	in	chest	I	being agressive	I	annoy	her

Wǒ	cóngtóu	zhì	wěi	yījù	zhòng	huà	dōu	méiyǒu	shuō
我	从头	至	尾	一句	重	话	都	没有	说
I	from the begining	till	the end	a	heavy harsh	word	even	not	said

guò,	wǒ	jìdé	wǒ	hé	nǐ	shuō	guò,	zhè	tào
过，	我	记得	我	和	你	说	过，	这	套
have ever	I	remember	I	with	you	told	have ever	this	-for houses-

房 也 是 我 爸 妈 辛苦 攒 下来 的，
fáng yě shì wǒ bà mā xīnkǔ zǎn xiàlái de,
flat — also — is — my — dad — mum — work hard — saved up money — -come down- — —

我们 家 就 我 一个 孩子，我 不 愿意 爸爸 妈妈
wǒmen jiā jiù wǒ yīgè háizi, wǒ bù yuànyì bàba māma
our — family — just — me — one — child — I — am not — willing to — dad — mum

以后 来 看 自己 女儿 连 个 舒服的 地方 都
yǐhòu lái kàn zìjǐ nǚ'ér lián gè shūfúdì dìfāng dōu
in the future — come — see — their — daughter — even — a — cozy — place — ~~even~~

没有，这个 房子 当作 我们 暂 住，咱 俩 还
méiyǒu, zhège fángzi dàngzuò wǒmen zàn zhù, zán liǎ hái
without — this — house — regard as — we — temporarily — live — we — two — still

年轻，攒 钱 买 我们 自己的 房子。我 爸 妈
niánqīng, zǎn qián mǎi wǒmen zìjǐde fángzi. Wǒ bà mā
young — save up — money — to buy — our — own — house — my — dad — mum

从来 没有 嫌弃 过 你们 家 穷，
cónglái méiyǒu xiánqì guò nǐmen jiā qióng,
have ever — not — given cold shoulder to — have ever — your — family — is poor

甚至 一点 负担 都 不想 添 给 我们，可是 你
shènzhì yīdiǎn fùdān dōu bùxiǎng tiān gěi wǒmen, kěshì nǐ
even — a little bit — burden — ~~even~~ — not want to — add — to — us — but — you

呢……" 沈小白 突然 无比 心疼 自己的 父母，
ne……" Shénxiǎobái túrán wúbǐ xīnténg zìjǐde fùmǔ,
— — Shen Xiaobai — suddenly — tremendously — felt sorry for — own — parents

他们 只 求 女儿 找 一个 对 自己 好 的 人，
tāmen zhǐ qiú nǚ'ér zhǎo yīgè duì zìjǐ hǎo de rén,
they — just beg hope — daughter — find — a — treat — herself — well — whot — people

这么 多 年，父母 爱 屋 及 乌，对 A君 也是 多
zhème duō nián, fùmǔ ài wū jí wū, duì Ajūn yěshì duō
so — many — year — parents — love house and crows / love me, love my dog — to — Mr.A — also — many

29

yǒu | bāngchèn, | kěshì | jīntiān | què | shì | zhège | jiéguǒ. | Tā | lǎo
有 | 帮衬， | 可是 | 今天 | 却 | 是 | 这个 | 结果。 | 她 | 老
-to have- | take care of | but | today now | yet | is | this | result | she | old very

zǎo | jiù | zhīdào | Ajūn | de | xīnsī, | zhīdào | tā | duì | zìjǐ | jiā
早 | 就 | 知道 | A君 | 的 | 心思， | 知道 | 他 | 对 | 自己 | 家
long ago | then | knew | Mr. A | 's | mind | knowing | he | to | his own | family

de | bāngchèn | hé | juànliàn, | tā | yīzhí | juédé | shì | tā | xiàoshùn,
的 | 帮衬 | 和 | 眷恋， | 她 | 一直 | 觉得 | 是 | 他 | 孝顺，
of | help | and | attachment | she | always | thought | was | he | filial

jiùsuàn | shícháng | chāi | chénxiǎobáide | qiángjiǎo | tā | yě
就算 | 时常 | 拆 | 沈小白的 | 墙角 | 她 | 也
even though | often | to pull down | Shen Xioabai's | corner of wall undermined Shen Xiaobai | she | also

bùhuì | jìjiào, | kěshì | jīntiān, | tā | què | cuānduo | zìjǐ | de | mǔqīn
不会 | 计较， | 可是 | 今天， | 他 | 却 | 撺掇 | 自己 | 的 | 母亲
didn't | fuss about | however | today now | he | yet | egged on | himself | 's | mother

míngmùzhāngdǎn | lái | ná, | zìjǐ | duǒ | zài | shēn | hòu, | zuò
明目张胆 | 来 | 拿， | 自己 | 躲 | 在 | 身 | 后， | 做
openly | to | take | himself | hid | in | body | behind | being

suō | tóu | wūguī. | Nàgè | céngjīng | xiàoyuán | lǐ | de
缩 | 头 | 乌龟。 | 那个 | 曾经 | 校园 | 里 | 的
shrink | head | turtle | that | once | school | in | who
a coward (lit: a turtle hiding in his shell)

wěnzhòng | shàonián, | dào | xiànzài | kànlái | biànchéng | yī
稳重 | 少年， | 到 | 现在 | 看来 | 变成 | 一
steady | young man | till | now | it seemed | became | a

chǎng | nàojù. | Shénxiǎobái | kàndào | zìjǐ | zài | mén
场 | 闹剧。 | 沈小白 | 看到 | 自己 | 在 | 门
-for sports and recreations- | farce | Shen Xiaobai | saw | herself | in | door

qián | chuānyījìng | lǐ | de | múyàng, | zhēngníng | ér | píbèi. | "Nǐmen
前 | 穿衣镜 | 里 | 的 | 模样， | 狰狞 | 而 | 疲惫。 | "你们
front | dressing mirror | in | that | look | ferocious | and | tired | you

dōu	zǒu	ba,	zhège	hūn	wǒ	bù	jié	le,	nále
都	走	吧，	这个	婚	我	不	结	了，	拿了
all	leave	—	this	marriage	I	don't	to tie	—	have taken
							to marry		

wǒde	dōu	gěi	wǒ	hái	huílái,	bùrán	wǒ	jiù	qù
我的	都	给	我	还	回来，	不然	我	就	去
my (things)	all	give	me	return	back	otherwise	I	then	go to

pàichūsuǒ,	gào	nǐmen	tōuqiè."	Shénxiǎobái	rēng	xià	yījù	huà,
派出所，	告	你们	偷窃。"	沈小白	扔	下	一句	话，
police station	sue	you	theft	Shen Xiaobai	threw	down	a	word

jìnle	wòshì,	wàimiàn	yīpiàn	guǐ	kū	láng	háo	de
进了	卧室，	外面	一片	鬼	哭	狼	嚎	的
entered	bedroom	outside	a	ghost	cry	wolf	howl	of
				to wail like ghosts and howl like wolves				

jiào	mà	shēng......
叫	骂	声......
shout	curse	sound

Shìqíng	zìrán	méiyǒu	nàme	hǎo	jiějué,	tuōtuōlālā,	màmaliēliē,
事情	自然	没有	那么	好	解决，	拖拖拉拉，	骂骂咧咧，
things	of course	didn't	so	well	solve	dragging on	scolding

zuìhòu	shénxiǎobái	bèizhe	xián	pín	ài	fù	de	màmíng.	Zuìhòu
最后	沈小白	背着	嫌	贫	爱	富	的	骂名。	最后
at last	Shen Xiaobai	beared	dislike	poor	love	rich	of	ill name	finally

shénxiǎobái	zìwǒ	tiáokǎn,	shuō	dāngnián	kànshàng	Ajūn	shí
沈小白	自我	调侃，	说	当年	看上	A君	时
Shen Xiaobai	herself	mocked up	saying	that year	took a liking to	Mr.A	time
				that time			when

tā	shì	yī	pài	jūnzǐ	duānfāng,	xiàng	gè	shūshēng,
他	是	一	派	君子	端方，	像	个	书生，
he	was	one	style	gentleman	honest	looked like	a	scholar
			-for descriptions-					

hòulái	jié	fù	jì	pín	xiàng	gè	xiákè,	jiéle
后来	劫	富	济	贫	像	个	侠客，	劫了
later	robbed	the rich	to help	the poor	like	a	knight-errant	robbed

Shénxiǎobái	de	"fù"	jìle	tāmen	jiā	zìjǐde	"pín".
沈小白	的	"富"	济了	他们	家	自己的	"贫"。
Shen Xiaobai	's	wealth	to assist	their	family	own	poor

Ajūn	líkāi	hòu,	shénxiǎobái	fùmǔ	pà	nǚ'ér	shāngxīn,
A君	离开	后，	沈小白	父母	怕	女儿	伤心，
Mr.A	left	after	Shen Xiaobai's	parents	worried	daughter	was sad

yějiù	xiāotíngle	jǐ	nián.	Zhè	jǐ	nián	lǐ	yě	yǒuguò
也就	消停了	几	年。	这	几	年	里	也	有过
so then	stopped	several	years	these	several	years	in	also	had

chàbùduōde	rén	kěshì	lái	lái	qù	qù	zǒngshì	chà
差不多的	人	可是	来	来	去	去	总是	差
similar	people	but	to come	to come	to go	to go	always	lacked of
				come and go				

diǎn	yìsi.	Zàijiāshàng	dānshēn	shēnghuó	qíshí	yě	hěn
点	意思。	再加上	单身	生活	其实	也	很
a little bit	meaning affection	what's more	bachelor	life	actually	as well	very

shūshì	kě'ài,	suí	xīn	suǒ	yù,	shénxiǎobái	fùmǔ
舒适	可爱，	随	心	所	欲，	沈小白	父母
confortable	lovely	to follow	heart	what	want	Shenxiaobai	parents
		to do what one pleases					

běnlái	zhǐwàngzhe	nǚ'ér	shōushí	hǎo	xīnqíng	zài	xún
本来	指望着	女儿	收拾	好	心情	再	寻
were supposed to	count on	daughter	tidied up	good	mood	again	look for

jiā	xù,	méi	xiǎngdào	zìjiā	nǚ'ér	jīntiān	zìjià
佳	婿，	没	想到	自家	女儿	今天	自驾
good	son-in-law	didn't	expect	own	daughter	today	(by)self-driving

yóu	míngtiān	xiǎotíqín	kè,	guòdé	bùyìlèhū,	èrlǎo	yī
游	明天	小提琴	课，	过得	不亦乐乎，	二老	一
travelled	tomorrow	violin	class	living(a life)	delightfully	parents	~~one~~

32

héjì, bùnéng rènyóu tā zhèyàng rènxìng shēnghuó xiàqù,
合计， 不能 任由 她 这样 任性 生活 下去，
thought over couldn't let her like this self-willed living -keep on-

bùrán niánlíng yuè dà, zài hūnliàn shìchǎng shàng chéngle
不然 年龄 越 大， 在 婚恋 市场 上 成了
otherwise age more big in marriage market ~~on~~ became
  old

"shèngnǚ" jiù zhēnde bèi rén kàn bù shàng le. Suǒyǐ
"剩女" 就 真的 被 人 看 不 上 了。 所以
leftover woman then really by people to look not up — so
  not to tanle a fancy

yī lún yòu yī lún de xiāngqīn hōngzhà chóngxīn kāishǐ.
一 轮 又 一 轮 的 相亲 轰炸 重新 开始。
one wheel and a round of blind dating bombardment again starts
round

33

"我妈说……"

Guónèide	gōng	dòu	xì	cónglái
国内的	宫	斗	戏	从来
domestic	imperial palace	battle	dramas	have always

céng chū bùqióng,	cóng	dāngnián	de	"jīn	zhī
层 出 不穷，	从	当年	的	《金	枝
layer out not end	from	that year	of	golden	branch
emerge in an endless stream		that time		War and Beauty	

yù niè"	dào	"zhēnhuán zhuàn",	gōng	dòu
欲 孽》	到	《甄嬛 传》，	宫	斗
desire sin	to	Zhen Huan biography	imperial palace	struggle
War and Beauty		lit. The Legend of Zhen Huan		

zhái	dòu,	shénxiǎobái	xián	lái	wú	shì	yě	shì	zhèxiē
宅	斗，	沈小白	闲	来	无	事	也	是	这些
residence	battle	Shen Xiaobai	idle	~~to~~	without	matter	also	is	these
family				have nothing to do				

xìmǎ	de	zhōngshí	fěnsī.	Qián	jǐ	tiān	hējiǔ	deshíhòu
戏码	的	忠实	粉丝。	前	几	天	喝酒	的时候
dramas	of	loyal	fan	ago	several	days	was drinking	when

hái	mó	quán	cā	zhǎng	shuō,	zìjǐ	kōng	yǒu	yīshēn
还	摩	拳	擦	掌	说，	自己	空	有	一身
even	to rub	fist	to wipe	palm	said	herself	in vain	have	the whole body
		itch to have a go						

běnshì,	kěxí	wú	chù	shīzhǎn,	jiéguǒ	shēnghuó	lìmǎ
本事，	可惜	无	处	施展，	结果	生活	立马
ability	unfortunately	no	place	to show	as a result	life	immediately
			where				

gěile	tā	yīgè	shīzhǎn	de	wǔtái,	zhǐyào	tā	yuànyì,
给了	她	一个	施展	的	舞台，	只要	她	愿意，
gave	her	a	putting to good use	of	stage	as long as	she	was willing to

tā jiù nénggòu xiàng diànshìjù lǐ zhēngchǒng de
她 就 能够 像 电视剧 里 争宠 的
she then was able to be like tv series in strive for someone's favour who

yāo fēi, qù fēn yī fēn rénjiā mǔzǐ
妖 妃， 去 分 一 分 人家 母子
evil and fraudulent concubines to share one~~share~~ others mother and child
share

de qíng fèn.
的 情 分。
of feelings affection
relationship

Zhè cì de nán zhǔ shì Bjūn, shì shénxiǎobái māmā
这 次 的 男 主 是 B君， 是 沈小白 妈妈
this time of boy took charge of was Mr. B was Shen Xiaobai mum
main male actor

guǎngchǎng wǔ jiěmèi de qīnqī jiā de érzi, zhènghǎo
广场 舞 姐妹 的 亲戚 家 的 儿子， 正好
square dance sister 's relative family 's son exactly
public square dancing female friend

hé chénxiǎobái zài yīgè chéngshì, chénxiǎobái tā mā huāntiānxǐdì,
和 沈小白 在 一个 城市， 沈小白 她 妈 欢天喜地，
with Shen Xiaobai in one city Shen Xiaobai her mum with great joy
same

zàijiāshàng Bjūn jiāshì qīngbái, jiālǐ tiáojiàn yě
再加上 B君 家世 清白， 家里 条件 也
what's more Mr. B family background clean family conditions also
have a gentle birth

fēicháng hǎo. Fùmǔ dōu yǒu gōngzuò, jǐ tào fángzi
非常 好。 父母 都 有 工作， 几 套 房子
very good parents all have work several -for houses- houses

yěshì biāo pèi, shàng yīgè
也是 标 配， 上 一个
also standard configuration last one

35

yī	qióng	èr		bái		de	bù	kàopǔ,	zhè
一	穷	二		白		的	不	靠谱，	这
one	poverty	two	educational and scientific blanknesses impoverished			—	not	reliable	this

cì	shěn	māmā	zì	rènwéi	juéduì	shì	liáng	pèi,	suǒyǐ
次	沈	妈妈	自	认为	绝对	是	良	配，	所以
time	Shen	Mama	herself	thought	definitely	was	good	match	so

huǒjíhuǒliǎo	de	ānpáile	shénxiǎobái	qù	xiāngqīn.
火急火燎	地	安排了	沈小白	去	相亲。
extremely worried	~~ly~~	arranged	Shen Xiaobai	to	(have a) blind date

Shénxiǎobái	niù	buguò,	suǒyǐ	jiù	yǒule	zhè
沈小白	拗	不过，	所以	就	有了	这
Shen Xiaobai	talk (her mum) around	no able to	so	then	to have appears	this

piān	"gōng	dòu	jù"	de	kāichǎng.
篇	"宫	斗	剧"	的	开场。
chapter	palace	battle	drama	of	opening

Shénxiǎobái	jiàn	Bjūn	de	dìyī	miàn	gǎnjué	háishì	bùcuòde,
沈小白	见	B君	的	第一	面	感觉	还是	不错的，
Shen Xiaobai	seeing	Mr. B	of	the first the first sight	face	felt	was	not bad

wénqi	ér	gānjìngde	nánshēng,	shuō	qǐ	huà	lái	yěshì
文气	而	干净的	男生，	说	起	话	来	也是
gentle	and	clean of	boy	said	~~up~~ word -to come- when spoke			also was

bīnbīnyǒulǐ.	Shénxiǎobái	duì	tāde	yìnxiàng	dàoyě	háibùcuò.
彬彬有礼。	沈小白	对	他的	印象	倒也	还不错。
well-mannered	Shen Xiaobai	to	his	impression	actually	not so bad

Liǎnggèrén	zhàolì	shuōle	yīxià	bǐcǐ	de	shēnghuó
两个人	照例	说了	一下	彼此	的	生活
two people they(Mr. B and Shen Xiaobai)	as usual	said	— have a	each other	's	life

gōngzuò dàoyě qīngsōng, shénxiǎobái zuìjìn yǎngle yī zhǐ
工作 倒也 轻松， 沈小白 最近 养了 一 只
work actually relaxed Shen Xiaobai recently raised/kept one -for animals-

māo, shēnkè gǎnshòudào nàxiē zuò bà mā de rén zài
猫， 深刻 感受到 那些 做 爸 妈 的 人 在
cat profoundly felt those do as dad mum who people in

péngyǒu quān huāshì xuàn wá de xīnqíng.
朋友 圈 花式 炫 娃 的 心情。
friends circle fancy(ways) showing off babies of mood feelings
moments on social network

Shénxiǎobái zhè shí yě ná chū zìjǐ jiā xiǎo māo de
沈小白 这 时 也 拿 出 自己 家 小 猫 的
Shen Xiaobai this time/when also took out her family little cat of

zhàopiàn gěi Bjūn kàn, Bjūn liánlián kuāzàn, shuō zìjǐ jiā
照片 给 B君 看， B君 连连 夸赞， 说 自己 家
photos to Mr. B see Mr. B repeatedly praises saying his family

yéyǒu yī zhǐ xiǎo gǒu, Shénxiǎobái gāng xiǎng shuō
也有 一 只 小 狗， 沈小白 刚 想 说
also had one -for animals- little dog Shen Xiaobai just wanted to say

tā yě xiǎngyào yī zhǐ gǒu, méi láidéjí
她 也 想要 一 只 狗， 没 来得及
she also wanted to have one -for animals- dog not was able to do in time

wèn, Bjūn jǐn jiēzhe shuō "shì wǒ èr yínǎi
问， B君 紧 接着 说 "是 我 二 姨奶
to ask Mr. B immediately kept on saying it was my second grandma's sister

jiā de, tā érxífù yǎng de, huáiyùn de shíhòu
家 的， 她 儿媳妇 养 的， 怀孕 的 时候
family — her daughter-in-law raises — was pregnant — time when

sòng	dào	wǒmen	jiā	lái	de,	wǒ	mā	xiànzài	dōu
送	到	我们	家	来	的，	我	妈	现在	都
gave away	to	our	family	-to come-	—	my	mum	now	even

bùshì	hěn	xiǎng	yǎng	le	……"	Shénxiǎobái	dǎduàn	tāde
不是	很	想	养	了	……"	沈小白	打断	他的
doesn't	very much	want to	raise	—	……	Shen Xiaobai	interrupted	his

huà	"wèishéme	yàobǎ	gǒu	sòng	gěi	nǐmen	ya?	Bùshì	jiāyǎngde
话	"为什么	要把	狗	送	给	你们	呀？	不是	家养的
talk	why	have to	dog	send	to	you	—	isn't it	domesticated

ma?"	Bjūn	shāo	dùn	"huáiyùnle	jiù	bù	hǎo	zài	yǎng
吗？"	B君	稍	顿	"怀孕了	就	不	好	再	养
—	Mr. B	slightly	paused	being pregnant	then	not	good	again	raise

chǒngwù	le,	wǒ	mā	shuōle,	māo	ya	gǒu	ya	shēnshàng	yǒu
宠物	了，	我	妈	说了，	猫	呀	狗	呀	身上	有
pets	—	my	mum	says	cat	—	dog	—	in the body	has —

shénme	bìngdú,	yùnfù	rúguǒ	chuánrǎn	huì	duì	háizi
什么	病毒，	孕妇	如果	传染	会	对	孩子
some	virus	pregnant woman	if	gets infected	would	to	children

bùhǎode,	nǐ	yǐhòu	huáiyùnle	yě	yào	bǎ	māo	sòng	chūqù
不好的，	你	以后	怀孕了	也	要	把	猫	送	出去
not good	you	in the future	is pregnant	also	must	~~to~~	cat	send	away

de".	Bjūn	shuōdé	lǐsuǒdāngrán,	shénxiǎobái	xīnlǐ	xiǎng	"wǒ
的"。	B君	说得	理所当然，	沈小白	心里	想	"我
—	Mr. B	said	as a matter of course	Shen Xiaobai	in mind	thought	I

huáiyùn	jiù	bù	láofán	nín	cāoxīn	le	ba!"	Dànshì
怀孕	就	不	劳烦	您	操心	了	吧！"	但是
get pregnant	then	not	bother	you (respect)	to worry	—	—	but

zhège rén bìjìng shì lǎomā de péngyǒu jièshào, bìng bù
这个 人 毕竟 是 老妈 的 朋友 介绍， 并 不
this people after all was mum 's friend introduced (by) and not

hǎo dāngchǎng fāzuò, suǒyǐ zhǐshì diǎndiǎntóu chēng shì.
好 当场 发作， 所以 只是 点点头 称 是。
good on the spot lost her temper so only nodded to say Yes

Yījù huà sǎo dé shénxiǎobái yìxìng lánshān, Bjūn yīnggāi
一句 话 扫 得 沈小白 意兴 阑珊， B君 应该
a word swept — Shen Xiaobai interest flagging Mr. B should
casted a chill

yě gǎnjué dào le, biàn huànle yīgè huàtí wèn qǐ
也 感觉 到 了， 便 换了 一个 话题 问 起
also feel ~~could~~ — then changed one topic ask about

shénxiǎobái duì jiéhūn duìxiàng de yāoqiú shì shénme,
沈小白 对 结婚 对象 的 要求 是 什么，
Shen Xiaobai to marriage partner of requirement was what

shénxiǎobái xiǎngle xiǎng, xiǎngyào yéyú yīxià, biàn shuō "qíshí
沈小白 想了 想， 想要 揶揄 一下， 便 说 "其实
Shen Xiaobai thought thought wanted to tease once then said actually
thought it over

yě méishénme qítāde, jiùshì yào yǒu zìjǐ de zhǔn
也 没什么 其他的， 就是 要 有 自己 的 准
~~also~~ it's nothing the others just must have himself 's fixed
something special

zhǔyì, bùyào tài mā bǎo, guānjiàn shíhòu yǒu zìjǐ de
主意， 不要 太 妈 宝， 关键 时候 有 自己 的
idea don't too mum treasures critical moment has himself 's
mama's boy

xiǎngfǎ jiù xíng". Shénxiǎobái xiào yì yíngyíng d
想法 就 行"。 沈小白 笑 意 盈盈 地
thoughts then fine Shen Xiaobai smiled meaning full of happiness ~~ly~~
smiling

kànzhe	Bjūn,	xiǎng	kàn	kàn	duìfāng	liǎn	shàng	shì
看着	B君,	想	看	看	对方	脸	上	是
looked at	Mr. B	wanted to	see	see	the other side	face	on	was

shénme	yánsè.	Bjūn	sìhū	méiyǒu	gǎnjué	dào	shénxiǎobái	de
什么	颜色。	B君	似乎	没有	感觉	到	沈小白	的
what	colour	Mr. B	seemed	didn't	sense	able to	Shen Xiaobai	's

yǔqì,	fǎn'ér	diǎndiǎntóu,	hěn	rènzhēn	de	shuō:	"Shì,	wǒ	mā
语气,	反而	点点头,	很	认真	地	说:	"是,	我	妈
tone	instead	nodded his head	very	serious	ly	said	Yes	my	mum

yě	zhèyàng	shuō.	Nà	nǐ	juédé	jiéhūn	yǐhòu	néng	jiēshòu
也	这样	说。	那	你	觉得	结婚	以后	能	接受
also	like this	says	so	you	think	getting married	after	could	accept

hé	fùmǔ	zhùzài	yīqǐ	ma"?	Shénxiǎobái	qì	jué,	liǎn
和	父母	住在	一起	吗"?	沈小白	气	绝,	脸
with	parents	live	together	—	Shen Xiaobai	breath	stopped	face

shàng	yīrán	miàn	bù	gǎisè	"bùnéng",	shuōdé
上	依然	面	不	改色	"不能",	说得
on	still	face	not	change colour / stayed calm	can't / No	said

zhǎn	dīng	jié	tiě.	Bjūn	zhè	yī	cì	dǎoshì	miàn	lù
斩	钉	截	铁。	B君	这	一	次	倒是	面	露
to chop	nails	cut	iron / categorically	Mr. B	this	one	time	but	face	showed

gāngà	"ó,	shìba,	yěduì,	wǒ	mā	zhīqián	jiù	yīzhí
尴尬	"哦,	是吧,	也对,	我	妈	之前	就	一直
awkwardness	oh	right	alright	my	mum	before	then	all the time

shuō	yào	yīqǐ	zhù,	wǒ	dà	gū	yīzhí	quàn
说	要	一起	住,	我	大	姑	一直	劝
said	had to	together	lived	my	big	aunt / father's older sister	all the time	persuades

wǒ	mā	shuō	nǐ	měitiān	yīqǐ	hé	xiǎobèi	zhù,
我	妈	说	你	每天	一起	和	小辈	住,
my	mum	saying	you	every day	together	with	youger generation	live

就是 不 给 小辈 孝敬 的 机会，

如果 不 在 一起，小辈 逢 年 过

节 也 好 多 孝敬 一点 对吧？" 这个 反问

让 沈小白 着实 尴尬，结婚 和 父母 同 住

的 利弊 沈小白 可以 分析 得 清清楚楚，

但是 这样 清奇的 脑 回路，沈小白 倒是

第一 次 听。只 觉得 自己 惹 不 起 但是

可以 躲，便 借口 时间 不 早 不再 多 说，

走 为 上计。

B君 执意 要 买单， 沈小白 拗 不过 想着 回去 还是 一个 红包 还 回去。 在 想 用 什么 借口 还 的时候 不 小心 用 包 碰到 了 旁边 桌 的 咖啡， 洒到 了 别人 身 上。 沈小白 一阵 手 忙 脚 乱 擦 别人 的 衣服。 "妈？ 你 怎么 在 这儿？" 妈？ 虽然 是 冬天， 但是 眼前 这 位 阿姨 还是 包裹 得 过于 严实， 让 人 不 敢 相信 她 是 来 喝 咖啡 而是 来 喝 姜 汤。 这个 状况 如果 不是 老 妈 担心 儿子 跟着 相亲， 就是 他 妈

Bjūn zhíyì yào mǎidān, shénxiǎobái niù buguò
Mr. B insisted in wanting to pay Shen Xiaobai talk around unable to

xiǎngzhe huíqù háishì yīgè hóngbāo hún huíqù. Zài xiǎng
thinking go back yet one red envelope return back during thinking

yòng shénme jièkǒu huán deshíhòu bù xiǎoxīn yòng bāo pèngdào
to use what excuse return when not careful with bag knocked over
with accidentally

le pángbiān zhuō de kāfēi, sǎdào le biérén shēn shang.
— beside table of coffee shed — other people body on

Shénxiǎobái yīzhèn shǒu máng jiǎo luàn cā biérén de
Shen Xiaobai a burst of handy ocupied feet rashly wiping other people 's
in a flurry

yīfú. "Mā? Nǐ zěnme zài zhè'er?" Mā? Suīrán shì dōngtiān,
clothes "mum you how in here mum even though was winter

dànshì yǎnqián zhè wèi āyí háishì bāoguǒ dé
yet in front of the eyes this person auntie still wrapped -after verbs-so

guòyú yánshí, ràng rén bù gǎn xiāngxìn tā shì lái
too much tight making people not dare to believe she was come to
unable to believe

hē kāfēi érshì lái hē jiāng tāng. Zhège zhuàngkuàng rúguǒ
drink coffee instead to drink ginger soup this situation if

bùshì lǎo mā dānxin erzǐ gēnzhe xiāngqīn, jiùshì tā mā
is not old mum worried about son followed to blind date then is his mum

42

kàn	"wújiàndào"	shàngyǐn	xiǎng	tǐyàn	yīxià	shēnghuó
看	《无间道》	上瘾	想	体验	一下	生活
see	Infernal Affairs (a film)	was addictive to	wanted to	experience have a experience	once	life

le.
了。

Shénxiǎobái	jiàole	shēng	āyí	biàn	líkāi,	liúxià	yī	duì
沈小白	叫了	声	阿姨	便	离开，	留下	一	对
Shen Xiaobai	called	~~sound~~	auntie	then	left	leaving down	a	pair

mǔzǐ	xiāng	ài	xiāng	shā.	Súhuà	shuō,	dāng	nǐ
母子	相	爱	相	杀。	俗话	说，	当	你
mother and child	each other	love	each other	kill fight	proverb it is said that	says	when	you

xiǎngyào	liǎojiè	yīgè	rén	deshíhòu,	nǐ	jiù	huì	fāxiàn
想要	了解	一个	人	的时候，	你	就	会	发现
want to	understand	one	person	when	you	then	would	find out

zìjǐde	shēnbiān	chōngmǎnzhe	zhīqián	shì	ér	bù	jiàn	de
自己的	身边	充满着	之前	视	而	不	见	的
oneself's yourself	side	is filled with	before	to look at turn a blind eye	but	not	see	that

liánxì.	Guǒrán,	Bjūn	yuánlái	shì	shénxiǎobái
联系。	果然，	B君	原来	是	沈小白
connection	As expected	Mr. B	it turned out that	was	Shen Xiaobai

gōngsī	qiántái	de	qián	nányǒu,	jùshuō	liǎ	rén
公司	前台	的	前	男友，	据说	俩	人
the company	receptionist	's	ex	boyfriend	it is said that	two	people

dāngnián	yě	kuàidào	tán	hūn	lùn	jià	deshíhòu,
当年	也	快到	谈	婚	论	嫁	的时候，
that year that time	also	almost	to talk about	marriage	to discuss	marriage	when

就是 因为 B君 妈妈 强烈的 控制 欲 和 占有
jiùshì yīnwèi Bjūn māma qiángliède kòngzhì yù hé zhànyǒu
but because of Mr. B Mama strong controlling desire and possessive

欲 而 分手，B君 从 小 就是 别人 家 的 孩子，
yù ér fēnshǒu, Bjūn cóng xiǎo jiùshì biérén jiā de háizi,
desire but broke up Mr. B since small is the other family 's child

样 样 优秀，但是 至今 他 仍然 是 别人 家 的
yàng yàng yōuxiù, dànshì zhìjīn tā réngrán shì biérén jiā de
kind kind excellent but until now he still is the other family 's
every kind

"孩子"，对 他 妈 言 听 计 从。
"háizi", duì tā mā yán tīng jì cóng.
child to he mum words to listen to plan to follow
follow advice without questioning

沈小白 长 舒 一 口 气， 幸亏 自己 已经
Shénxiǎobái cháng shū yī kǒu qì, xìngkuī zìjǐ yǐjīng
Shen Xiaobai long to relieve one ~~mouth~~ breath fortunately herself already
deep took a sigh of relief

练 得 一 双 火 眼 金 睛，
liàn dé yī shuāng huǒ yǎn jīn jīng,
have trained -after verbs- a pair fire eye golden eye
able to sharp and clear eyes to point out the fake

不再 会 被 那 副 皮囊 欺骗。 谁 知道 糖衣
bùzài huì bèi nà fù pínáng qīpiàn. Shéi zhīdào tángyī
no more would by that ~~look~~ skin is deceived who knows sugar coating

之下 裹 的 是 什么 呢?
zhīxià guǒ de shì shénme ne?
under wrap that is what —

大 清朝 已经 亡了

Nǚrén,	yóuqí	shì	cóng	xiǎo	ǒuxiàng	jù	hé
女人，	尤其	是	从	小	偶像	剧	和
women	specially	~~are~~	since	childhood	idol	dramas	and

yánqíng	xiǎoshuō	kàn	duōle	de	nǚrén,	zǒng	huì	yǒudiǎn
言情	小说	看	多了	的	女人，	总	会	有点
romance love stories	fictions	see	more	that	women	always	would	somewhat

bàdào	zǒngcái	qíngjié.	Xiǎng	dāngnián,	Shénxiǎobái	yě	shì	názhuó
霸道	总裁	情节。	想	当年，	沈小白	也	是	拿着
arbitrary	CEO	plot	think	that year	Shen Xiaobai	also	was	holding

shǒudiàntǒng	duǒ	zài	bèi	wō	li	kàn	xiǎoshuō	de	rén.
手电筒	躲	在	被	窝	里	看	小说	的	人。
flashlight	hidng	in	quilt	nest	~~inside~~	read	novel	who	person

Súhuàshuō	"shàonǚ	qínghuái	zǒng	shì	shī",	Shénxiǎobái	yě
俗话 说	"少女	情怀	总	是	诗",	沈小白	也
proverb says it is said that	maiden	feelings	always	are	poems	Shen Xiaobai	also

liúzhe	hālazi	huànxiǎng	guò	gāodà	yīngjùnde	bàdào	zǒngcái
流着	哈喇子	幻想	过	高大	英俊的	霸道	总裁
slobber	saliva	imaged	had ever	tall	handsome	arbitrary	CEO

nánzhǔ,	bǎ	zìjǐ	dǔ	zài	qiángjiǎo,	lùchū	xié	mèi	ér
男主，	把	自己	堵	在	墙角，	露出	邪	魅	而
main male actor	~~to~~	herself	block	in	corner	show	evil	charming	but giving

yòuhuòde	xiào	"nǚrén,	nǐ	shì	wǒde."	Dānshēn	duō	nián	zhīhòu,
诱惑的	笑	"女人，	你	是	我的。"	单身	多	年	之后，
tempting	smile	woman	you	are	mine	single	many	years	after

Shénxiǎobái	de	liàn'ài	jīngyàn	duōbàn	láizì	hánjù,
沈小白	的	恋爱	经验	多半	来自	韩剧，
Shen Xianbai	's	love	experience	most of them	come from	Korean dramas

lǐxiǎng xíng tōngtōng dōu shì zhǎng tuǐ ōubā, kàn duōle
理想 型 统统 都 是 长 腿 欧巴， 看 多了
ideal type completely all is long legs oppa (Korean) saw more

jiù bùmiǎn duì xiànshí zhōng de nánrén yǒudiǎn shīwàng.
就 不免 对 现实 中 的 男人 有点 失望。
then unavoidablely to reality in that men somehat disappointed

Shuàiqì de bù shēnqíng, shēnqíng de méi yǒu qián, yǒu
帅气 的 不 深情， 深情 的 没 有 钱， 有
handsome who not love deep affectionate who doesn't have money have

qián de yòu yóunì, zhè shì yīgè báirì zuòmèng shì de
钱 的 又 油腻， 这 是 一个 白日 做梦 式 的
money who but fatty this was a daytime to dream way of
　　　　　　　　　　　　　　　　　day dreaming

sǐ xúnhuán. Zhídào yùjiàn Cjūn.
死 循环。 直到 遇见 C君。
die circulation until met Mr. C
infinite loop

Cjūn shì zhīqián de yīgè kèhù, Shénxiǎobái de gōngzuò zhōng
C君 是 之前 的 一个 客户， 沈小白 的 工作 中
Mr. C was before of a client Shen Xiaobai 's work in

bāngguò tā yīgè máng, yīzhí shuō yào qǐng chīfàn,
帮过 他 一个 忙， 一直 说 要 请 吃饭，
helped hime a favour kept saying have to invite to have a meal

dànshì hòulái dàjiā dōu fēicháng máng, shíjiān zǒngshì còu
但是 后来 大家 都 非常 忙， 时间 总是 凑
but later everyone all very busy time always gather together

bù dào yīqǐ, suǒyǐ yějiù bùliǎoliǎozhī. Méi xiǎngdào huì
不 到 一起， 所以 也就 不了了之。 没 想到 会
not abel to together therefore then left it unsettled didn't expect would

zài yīcì péngyǒu zǔzhī de fànjú shàng pèngdào, liǎ
在 一次 朋友 组织 的 饭局 上 碰到， 俩
in one friends organised that dinner gathering on met both

rén	xiāng	liáo	shèn	huān,	Shénxiǎobái	shēnyè	fā
人	相	聊	甚	欢，	沈小白	深夜	发
people	each other	talked	very	happily	Shen Xiaobai	(at) midnight	sent

wēixìn	gěi	péngyǒu,	shuō	tā	juédé	zìjǐ	tiěshù	kāihuā	le.
微信	给	朋友，	说	她	觉得	自己	铁树	开花	了。
Wechat	to	friends	saying	she	felt	herself	Sago tree something seldom seen	blossomed	—

"Kāihuā"de	Shénxiǎobái	zhuì	rù	ài	hé,	měitiān	de	mùguāng	lǐ
"开花"的	沈小白	坠	入	爱	河，	每天	的	目光	里
bloomed	Shen Xiaobai	fell	into	love	river (river of) love	everyday	's	eyes	in

dōu	shì	yī	fù	nóng	qíng	mì	yì.	Cjūn	yě
都	是	一	副	浓	情	蜜	意。	C君	也
all	were	a	-for looks-	strong	affections great tenderness between lovers	sweet	feelings	Mr. C	also

fēicháng	"shàng dào",	qínghuà	zhāng	kǒu	jiù	lái,	tǐtiē
非常	"上 道"，	情话	张	口	就	来，	体贴
very much	on top arrive impressed	sweet nothings	open	mouth	then	come	thoughtful

zhōudào	yīyàng	bù	luò.	Zài	zhèyàngde	gōngshì	xià,
周到	一样	不	落。	在	这样的	攻势	下，
considerate	one kind every kind	not	leave	under	such	offensive court	~~under~~

Shénxiǎobái	juédìng	tóngjū,	xīqǔliǎo	zhīqiánde	jīngyàn,
沈小白	决定	同居，	吸取了	之前的	经验，
Shen Xiaobai	decided to	live together	to absorb learned	previous	experience

Shénxiǎobái	rènwéi,	zhǐyǒu	jìn	jùlí	de	shēnghuó	yǔ
沈小白	认为，	只有	近	距离	的	生活	与
Shen Xiaobai	thought	only	close	distance	of	living	and

móhé	cái	nénggòu	zhēnzhèng	de	xiǎnshì	chū	gèzì	běnláide
磨合	才	能够	真正	地	显示	出	各自	本来的
rubbing along	then	could	really	~~ly~~	show	out	each	original

miànmù.
面目。
appearance

Zhīqiánde	Shénxiǎobái	shì	fēicháng	lǎnsǎnde	rén,	yīnwèi	zìjǐ
之前的	沈小白	是	非常	懒散的	人，	因为	自己
before	Shen Xiaobai	was	very	sluggish	person	because	herself

yīgèrén	shēnghuó,	méiyǒu	shéme	jūshù,	jīngcháng	shì	yīzhōu
一个人	生活，	没有	什么	拘束，	经常	是	一周
one person alone	lived	wihtout	anything	to restrain	ofter	~~was~~	a week

yǒu	kòngxián	le	yīge	dàsǎochú,	rìcháng	yěshì	jiào
有	空闲	了	一个	大扫除，	日常	也是	叫
had	free time	—	a	thorough cleaning	daily	was also	call ordering

wàimài	jūduō,	bìjìng	gōngzuò	zhēnde	fēicháng	máng,	měitiān
外卖	居多，	毕竟	工作	真的	非常	忙，	每天
take out	mostly	after all	in work	really	very	busy	every day

xiàbān	dōu	hěn	wǎn	le,	rúguǒ	zài	zuò	fàn	xǐ	wǎn,
下班	都	很	晚	了，	如果	再	做	饭	洗	碗，
after work	already	very	late	—	if	(if)	made	meal dinner	washed	dishes

shíjiān	zhànxiàn	huì	fēicháng	zhǎng.	Kěshì	Cjūn	bù	shì.	Tā	shì
时间	战线	会	非常	长。	可是	C君	不	是。	他	是
time	battle line	would	very	long	But	Mr. C	not	was	he	was

yángé	zìlǜde	rén,	jiālǐ	yào	bǎochí	zhěngjié,	shíwù	yào
严格	自律的	人，	家里	要	保持	整洁，	食物	要
strictly	self-disciplined	person	at home	must	keep	tidy	food	had to

zuò	hǎo	yíngyǎng	dāpèi,	shēnghuó	yào	shíkè	bǎochí
做	好	营养	搭配，	生活	要	时刻	保持
make	good well	nutritious nutritionally	to match balanced	in life	must	every moment	stay

xiàngshàngde	zhuàngtài.	Hé	Cjūn	zài	yīqǐ	hòu,	Shénxiǎobái
向上的	状态。	和	C君	在	一起	后，	沈小白
upward posotive	state	with	Mr. C	being	together	after	Shen Xiaobai

juédé	zìjǐ	jiǎnzhí	gěi	nǚxìng	tóngbāo	mǒhēi,	lātà
觉得	自己	简直	给	女性	同胞	抹黑，	邋遢
thought	herself	absolutely	to	female	sisters	disgraced	sloppy

chéng	zhège	yàngzi,	yòng	Cjūn	de	huà	shuō	jiùshì:	"xiànzài
成	这个	样子，	用	C君	的	话	说	就是：	"现在
as	this like this	appearance	with	Mr.C	's	word	to say	that was	nowdays

de	xiǎo	gūniáng,	chūmén	deshíhòu	guāngxiān	liang	lì,
的	小	姑娘，	出门	的时候	光鲜	亮	丽，
'd	young	girls	go out	when	well-dressed	bright	beautiful

yīgègè	sài	xiānnǚ,	dànshì	huídào	jiā	jiù	dǎ	huí
一个个	赛	仙女，	但是	回到	家	就	打	回
every one	better than	fairies	but	go back	home	then	beat	back

yuánxíng,	biàn	chéng	zhū	jīng".	Shénxiǎobái	juédìng	gǎibiàn.
原形，	变	成	猪	精"。	沈小白	决定	改变。
true colours	changing	into	pig	monster	Shen Xiaobai	decided to	change

Shǒuxiān	shì	chú	yì.	Dōu	shuō	yīgè	rén	de	fàn	nán
首先	是	厨	艺。	都	说	一个	人	的	饭	难
firstly	was	cooking	skill	all	said	one	person	of	meal	difficult to

zuò,	suǒyǐ	Shénxiǎobái	zhīqián	jíshǎo	zuò	fàn,	zàijiāshàng	zuò
做，	所以	沈小白	之前	极少	做	饭，	再加上	做
make	so	Shen Xiaobai	before	rarely	made	meal	what's more	making

完 之后 也 无 人 欣赏，所以 也就 兴味 索然。
wán zhīhòu yě wú rén xīnshǎng, suǒyǐ yějiù xìngwèi suǒrán.
finishing after also no one admire so then interest dull
have lost all interest in

和 C君 在 一起，因为 他 一直 吃 不 惯
Hé Cjūn zài yīqǐ, yīnwèi tā yīzhí chī bú guàn
with Mr. C were together because he all the time eating not be used to

外卖，所以 沈小白 开始 学着 蒸 炸 炖 煮，没
wàimài, suǒyǐ Shénxiǎobái kāishǐ xuézhe zhēng zhá dùn zhǔ, méi
take out so Shen Xiaobai started to learn steam fry stew boil didn't

想到 还 真的 挺 好吃，C君 甚 是 满意，对
xiǎngdào hái zhēnde tǐng hàochī, Cjūn shèn shì mǎnyì, duì
expect even really quite delicious Mr. C very was pleased to

沈小白 说 要 留住 男人 的 心 要 先 留住
Shénxiǎobái shuō yào liúzhù nánrén de xīn yào xiān liúzhù
Shen Xiaobai saying want to keep man 's heart need to first keep

男人 的 胃，他 觉得 自己 离不开 沈小白 了。
nánrén de wèi, tā juédé zìjǐ lìbùkāi Shénxiǎobái le.
man of stomach he thought himself couldn't leave Shen Xiaobai —

恋爱 的 甜蜜 和着 饭 香，沈小白 甚至
Liàn'ài de tiánmì hézhe fàn xiāng, shénxiǎobái shènzhì
Love of sweetness mixed with meal smell good Shen Xiaobai even
delicious

有点 感动，你 看，自己 终于 长大了，可以 去
yǒudiǎn gǎndòng, nǐ kàn, zìjǐ zhōngyú zhǎngdàle, kěyǐ qù
somewhat was moved you see yourself finallu grow up can to

张罗 一 桌子 饭菜，可以 照顾 别人 了。
zhāngluó yī zhuōzi fàncài, kěyǐ zhàogù biérén le.
prepare a desk (of) dishes can take care of the others —

Jiēzhe, Shénxiǎobái kāishǐ gǎi diào zìjǐ lǎnsǎnde máobìng,
接着， 沈小白 开始 改 掉 自己 懒散的 毛病，
And then Shen Xiaobai began to to correct ~~away~~ her sluggish shortcoming
give up

bùguǎn duō máng, dōuyào bǎochí fángjiān gānjìng zhěngjié, dōngxī
不管 多 忙， 都要 保持 房间 干净 整洁， 东西
no matter how busy had to maintain rooms clean tidy things

yào fàng huí yuán chù, zhuōzi yào bù là chéntǔ, zàngde
要 放 回 原 处， 桌子 要 不 落 尘土， 脏的
must put back original place desk must not leave dust dirty

yīfú bù kěyǐ jīzǎn, yào jíshí xǐhǎo guà qǐ,
衣服 不 可以 积攒， 要 及时 洗好 挂 起，
clothes not could accumulate bit by bit had to in time wash hang up

shénxiǎobái hái fāxiànle yī kuǎn rìběnde xǐyī níngzhū, nénggòu
沈小白 还 发现了 一 款 日本的 洗衣 凝珠， 能够
Shen Xiaobai even found a type Japanese laundry beads was able to

ràng yīfú chíjiǔ liú xiāng. Shénxiǎobái zhàn zài yángtái shàng,
让 衣服 持久 留 香。 沈小白 站 在 阳台 上，
let clothes last keep fragance Shen Xiaobai stood in balcony ~~in~~

nuǎnnuǎnde yángguāng shài zài shēnshàng, lìng rén gǎndào
暖暖的 阳光 晒 在 身上， 令 人 感到
warm sunshine shed on body making people feel

xìngfú.
幸福。
happy

Shénxiǎobái yǐwéi zìjǐ huì yīzhí zhèyàng xìngfú xiàqù.
沈小白 以为 自己 会 一直 这样 幸福 下去。
Shen Xiaobai thought herself would all the time like this be happy go down
-keep on-

Guòqùde rìzi jiù xiàng piāofú zài yún lǐ, cǐkè tā
过去的 日子 就 像 漂浮 在 云 里， 此刻 她
past days just like floating in clouds ~~in~~ this moment she

51

zhōngyú zhuólù, wéndào le zhēnshíde、 yānhuǒ wèi de
终于 着陆， 闻到 了 真实的、 烟火 味 的
finally / was landed / smelled / — / authentic / smoke and fire cooked food / smell / of

shēnghuó qìxí. Zhìshǎo zhè shì tā suǒ lǐjiě de shēnghuó,
生活 气息。 至少 这 是 她 所 理解 的 生活，
life / ~~flavour~~ / at least / this / was / she / what / understand / of / life

yěshì tā kàndào de fùbèi de shēnghuó, hǎoxiàng zìjǐde
也是 她 看到 的 父辈 的 生活， 好像 自己的
also was / she / saw / what / elder generation / of / life / like / her

mǔqīn. Yǒngyuǎn rèqì téngténgde fàncài, yǒngyuǎn gānjìng qīngjiéde
母亲。 永远 热气 腾腾的 饭菜， 永远 干净 清洁的
mother / forever / hot vapor / steaming / meal / always / clean / clean

yīwù, mǔqīn jiùshì zhèyàng zhàogùzhe jiālǐ de měi yīgè
衣物， 母亲 就是 这样 照顾着 家里 的 每 一个
clothes / mother / was / like this / taking care of / home / ~~that~~ / every / one

rén. Tā shì nàyàngde gǎnjī zìjǐde mǔqīn, kěshì wèishéme
人。 她 是 那样的 感激 自己的 母亲， 可是 为什么
~~people~~ / she / was / so / grateful for / her / mother / but / why

māma bùshì nàme kuàilè ne? Zài tāde jìyì lǐ, tā
妈妈 不是 那么 快乐 呢？ 在 她的 记忆 里， 她
mother / was not / so / happy / — / in / her / memory / ~~inside~~ / she

hǎoxiàng cónglái méiyǒu fā zì nèixīn de xiào guò. Rúguǒ
好像 从来 没有 发 自 内心 地 笑 过。 如果
seemed / never / not / start from heart from the bottom of heart / ~~ly~~ / laughed / had ever / if

māma xiànzài zhīdào tā kěyǐ zhàogù zìjǐ, tā huì bù huì
妈妈 现在 知道 她 可以 照顾 自己， 她 会 不 会
mother / now / knew / she / could / look after / herself / she / would / not / would

fāzì nèixīn de xiào yīcì, méiyǒu cōngmáng, méiyǒu
发自 内心 地 笑 一次， 没有 匆忙， 没有
come from / deep in heart from the bottom of heart / ly / smile / once / no / in a rush / no

fūyǎn, méiyǒu qítāde zázhí, zhǐshì xīnwèi. Shénxiǎobái bù
敷衍， 没有 其他的 杂质， 只是 欣慰。 沈小白 不
perfunctorily no other impurity just be gratified Shen Xiaobai not

zhīdào, tā zhǐ zhīdào zìjǐ bù xiǎng biànchéng hé māma
知道， 她 只 知道 自己 不 想 变成 和 妈妈
know she only knew herself not want to become as mum

yīyàng de rén, tā xiǎng zuò nénggòu
一样 的 人， 她 想 做 能够
the same that people she wanted to be be able to
someone

kāihuái dàxiào de rén, tā xiǎng ràng zìjǐde
开怀 大笑 的 人， 她 想 让 自己的
to hearts content laugh who peope she wanted to let her
laugh heartily someone

hòudài yě gǎnrǎn dào zìjǐde kuàilè, ér bùshì xiàng tā
后代 也 感染 到 自己的 快乐， 而 不是 像 她
offsprings also infect able to her happiness yet not as her
feel

yīyàng, yǒngyǒu yīgè yǒngyuǎn zài jiāolǜ de māma, tā juédé
一样， 拥有 一个 永远 在 焦虑 的 妈妈， 她 觉得
the same has a always in anxiety who mum she thought

zìjǐ kěyǐ zuòdào.
自己 可以 做到。
herself could do it

Shénxiǎobái de gōngzuò shǔyú yǒu qīngmù dìshíhòu tèbié
沈小白 的 工作 属于 有 项目 的时候 特别
Shen Xiaobai 's job belong to has projects when especially
is classified as

máng, méiyǒu deshíhòu yòu tèbié qīngxián. Xiàyīgè xiàngmù
忙， 没有 的时候 又 特别 清闲。 下一个 项目
busy do not have — timewhen again especially idle next project

láilín,	shénxiǎobái	zhèngshì	jìnrù	"wàngjì",	yòu	kāishǐ	le	xīn
来临,	沈小白	正式	进入	"旺季",	又	开始	了	新
comes	Sheng Xiaobai	formally	goes into	peak period	again	started	—	new

yī	lún	zǎo	chū	wǎn	guī	de	shēnghuó.	Gōngzuò	shàng	de
一	轮	早	出	晚	归	的	生活。	工作	上	的
a	round	early	leave	night	return	of	life	work	in	of

yālì	biàn	dà,	shénxiǎobái	duì	jiāwù	yě	yǒuxiē
压力	变	大,	沈小白	对	家务	也	有些
stress	become	big	Shen Xiaobai	to	housework	also	somewhat

xīn	yǒuyú	ér	lì	bùzú,	dànshì	Cjūn	yǐjīng
心	有余	而	力	不足,	但是	C君	已经
heart	have a surplus	but	strength	not enough	but	Mr. C	already

the will is there but the flesh is weak

xíguànle	huí	jiā	jiù	yǒu	fàn	chī,	jiālǐ	yǒngyuǎn
习惯了	回	家	就	有	饭	吃,	家里	永远
was used to	going back	home	then	had	meal	to eat	at home	always

zhěngjiéde	rìzi,	duìyú	zhège	gǎibiàn	zhūduō	bùmǎn,	jīngcháng
整洁的	日子,	对于	这个	改变	诸多	不满,	经常
tidy	day	to	this	change	many	complaints	often

wěiqubābā	de	chīzhe	wàimài,	kànzhe	shénxiǎobái,	wúnài
委屈巴巴	地	吃着	外卖,	看着	沈小白,	无奈
full of grievances	ly	eat	take out	looking at	Shen Xiaobai	however

shénxiǎobái	chī	ruǎn	bù	chī	yìng,	zhǐ	néng	cóng	chuángshàng
沈小白	吃	软	不	吃	硬,	只	能	从	床上
Shen Xiaobai	eat	soft	not	eat	hard	only	could	from	(on) bed

qǐlái	qù	gěi	Cjūn	zuò	fàn.	Chèn	Cjūn	chīfàn	de	gōngfū,
起来	去	给	C君	做	饭。	趁	C君	吃饭	的	功夫,
wake up	go to	for	Mr. C	make	meal	while	Mr. C	eating	of	kongfu
										time

shénxiǎobái	xǐ	wánliǎo	zǎo,	jiāng	yīfú	rēng	jìn
沈小白	洗	完了	澡,	将	衣服	扔	进
Shen Xiaobai	washing	finished	bath	to	clothes	threw	into
	finished bathing						

xǐyījī, kùnyì xiàng cháoshuǐ bān yǒnglái, shénxiǎobái
洗衣机， 困意 像 潮水 般 涌来， 沈小白
washing machine sleepiness like tide water as pouring in Shen Xiaobai

bàituō Cjūn bāngmáng xǐ xǐyīfú, zhèngzài wán
拜托 C君 帮忙 洗 洗衣服， 正在 玩
asked for help Mr. C do a favour -to wash- to wash clothes was (doing) playing

yóuxì de Cjūn mǎnkǒu dāyìng, shénxiǎobái yītóu zhā jìn
游戏 的 C君 满口 答应， 沈小白 一头 扎 进
game who Mr. C readily promised Shen Xiaobai headlong dived into

zhěntóu, bù yīhuǐ'er jiù shuìzháole.
枕头， 不 一会儿 就 睡着了。
pillow not a while then fell asleep

Dìèr tiān, tā shì bèi Cjūn jiàoxǐngde, tā shàngbān bǐjiào
第二 天， 她 是 被 C君 叫醒的， 她 上班 比较
the second day she was by Mr. C awoke she went to bed rather

wǎn, dànshì yībān huì zǎodiǎn qǐchuáng zuò zǎocān, zhè
晚， 但是 一般 会 早点 起床 做 早餐， 这
late but normally would earlier got up to make breakfast these

jǐ tiān tài lèi le, suǒyǐ jiù méi zài zuò le.
几 天 太 累 了， 所以 就 没 再 做 了。
several days too tired — so then didn't again do —
make

Shénxiǎobái zài shuìmèng zhōng bèi yáo xǐng, Cjūn yī liǎn
沈小白 在 睡梦 中 被 摇 醒， C君 一 脸
Shen Xiaobai in dreams in by shaken to awake Mr. C one look

qìchōngchōng de zhìwèn shénxiǎobái, zìjǐ zuówǎn xǐ
气冲冲 地 质问 沈小白， 自己 昨晚 洗
furiously ly questioned Shen XIaobai his yesterday night washed

de Txù yīnwèi méiyǒu jíshí liàng gàn, tiānqì yòu rè, xiànzài
的 T恤 因为 没有 及时 晾 干， 天气 又 热， 现在
that T-shirt as didn't in time hung to dry weather and hot now

yīgè bèi wǔ sōu de wèidào, jīntiān tā yào zěnme
一个 被 捂 馊 的 味道， 今天 他 要 怎么
a by soaking to be spoiled of smell today he shall how

chuān? Shuì yǎn xīngsōngde shénxiǎobái lǎnlǎn de shuō nà jiù
穿？ 睡 眼 惺忪的 沈小白 懒懒 地 说 那 就
to wear sleepy eyes drowsy Shen Xiaobai lazy ly say so then

huàn yī jiàn ba. Tīng wán zhè jù huà, Cjūn
换 一 件 吧。 听 完 这 句 话， C君
change one -for clothes-piece — hearing finished this ~~sentence~~ words Mr. C

fǎngfú bèi diǎnrán de pàozhang, dàshēng shuō jīntiān zìjǐ
仿佛 被 点燃 的 炮仗， 大声 说 今天 自己
as if by lighted that firecrackers loudly said today himself

yào qù jiànshēn, zhǐ yǒu zhè jiàn yīfú tòuqìxìng zuìhǎo
要 去 健身， 只 有 这 件 衣服 透气性 最好
needed to go to do gyms only had this piece cloth breathability best

zuì shūfú, jiéguǒ hái bèi wǔ chéng zhège yàngzi...... Zhè
最 舒服， 结果 还 被 捂 成 这个 样子…… 这
most comfortable as a result still by soaked as this look this

yīxià shénxiǎobái yěshì shuìyì quán wú, zhèng xiǎng
一下 沈小白 也是 睡意 全 无， 正 想
~~moment~~ Shen Xiaobai also sleepiness all none was about to -want to-

zhēngchǎo, què jiēdào shàngjí de diànhuà, xiàngmù zǔ yīgè
争吵， 却 接到 上级 的 电话， 项目 组 一个
argue but received superior 's call project group a

tóngshì línshí bùnéng chūchāi, xūyào shénxiǎobái
同事 临时 不能 出差， 需要 沈小白
colleague at last minute couldn't on a business trip needed Shen Xiaobai

línshí bǔshàng zuò hǎo cǎifǎng rènwù. Shénxiǎobái
临时 补上 做 好 采访 任务。 沈小白
when the time came to fill in to do well interview mission Shen Xiaobai

biēzhe	yī	kǒuqì,	xīn	xiǎng	yǒuxiē	wèntí	huílái	yīdìng
憋着	一	口气，	心	想	有些	问题	回来	一定
held	one	breath	(in) heart	thought	somewhat	problem	come back	surely

yào	hé	Cjūn	shuō	qīngchǔ.
要	和	C君	说	清楚。
must	with	Mr. C	speak	clearly
				talk things through

Shénxiǎobái	de	xiàngmù	wánchéng	de	hěn	chūsè,	shōudàole
沈小白	的	项目	完成	得	很	出色，	收到了
Shen Xiaobai	's	project	finished	-after verbs-	very	excellent	received

shàngjí	de	biǎoyáng,	zhǔbiān	shènzhì	ànshì	zìjǐ	yě	jiāngjìn
上级	的	表扬，	主编	甚至	暗示	自己	也	将近
superior	's	praise	editor	even	hinted	himself	also	was going to

tuìxiū,	xūyào	tíbá	yīgè	héshìde	rénxuǎn,	shénxiǎobái
退休，	需要	提拔	一个	合适的	人选，	沈小白
retire	needed to	promote	a	proper	candidate	Shen Xiaobai

mǎnxīn	huānxǐ,	wèi	zìjǐ	shìyè	gèng	shàng	yī
满心	欢喜，	为	自己	事业	更	上	一
was filled with (in heart)	joy	for	her	career	more	go up	one

céng	lóu	de	kěnéngxìng	ér	mǎnxīn	huānxǐ.
层	楼	的	可能性	而	满心	欢喜。
-for floors-	floor	of	possibility	so	was filled with (in heart)	joy

Lùn	zīlì	hé	nénglì,	shénxiǎobái	díquè	shì	bùmén
论	资历	和	能力，	沈小白	的确	是	部门
talking about	qualifications	and	ability	Shen Xiaobai	really	was	apartment

zhōng	shǔ	yī	shǔ	èr	de	rénxuǎn,	shēngzhí	yìwèizhe
中	数	一	数	二	的	人选，	升职	意味着
in	to count	one	to count	two	who	candidate	promotion	meant
		one of fthe very best						

gènghǎode	fǎzhǎn	hé	duì	zìjǐ	nénglì	de	rènkě,	dàn	yě
更好的	发展	和	对	自己	能力	的	认可，	但	也
better	development	amd	to	her	ability	of	recogonition	but	also

yìwèizhe gèngduōde zérèn hé gèngdàde yālì, zhè yīdiǎn zài
意味着 更多的 责任 和 更大的 压力， 这 一点 在
meant more responsibility and more pressure this point when

tāmen tiáokǎn zhǔbiān guò zǎo hòutuìde fàjìxiàn shí jiù
他们 调侃 主编 过 早 后退的 发际线 时 就
they poked fun at editor too early receding hairline when already

xiǎngdàole, kěshì "hǎo fēng píngjiè lì, sòng wǒ rù
想到了， 可是 "好 风 凭借 力， 送 我 入
had thought about but good wind rely on strength send me into

qīngyún", jīhuì láilín, shénxiǎobái dāngrénbùràng.
青云"， 机会 来临， 沈小白 当仁不让。
high official position opportunity came Shen Xiaobai not decline to accept it
sky

Jiù zhèyàng chóuchú mǎn zhì de huídào jiāzhōng,
就 这样 踌躇 满 志 地 回到 家中，
then like this sumg full ambition ly went back home
enormously proud of her success

jíjiāng shēngzhí de xǐyuè hé chūchāi zhè duàn
即将 升职 的 喜悦 和 出差 这 段
was about to get a promotion of joy and having a business trip this period

shíjiān de tiáohé, ràng shénxiǎobái jīhū wàngjìle lín
时间 的 调和， 让 沈小白 几乎 忘记了 临
time of reconciliation making Shen Xiaobai almost forgot about to

zǒu zhīqián de bùkuài. Kěshì dāng tā tuī kāi jiā mén,
走 之前 的 不快。 可是 当 她 推 开 家 门，
leave before of displeasure but when she pushed open home door

kàndào mǎn wūzi dàochù dōu shì chī guò de
看到 满 屋子 到处 都 是 吃 过 的
saw whole house everywhere all were eatenused had ever of

wàimài hé, chúfáng de shuǐcáo zhōng duījīzhe zāng wǎn kuài,
外卖 盒， 厨房 的 水槽 中 堆积着 脏 碗 筷，
take out cases kitchen of sink in piling up dirty bowls chopsticks

xǐyī lán lǐ de zāng yīfú yǐjīng mǎn chūlái, sànfàzhe yī
洗衣 篮 里 的 脏 衣服 已经 满 出来， 散发着 一
laundry basket in of ditry clothes already filled out giving off a

zhǒng hàn chòu jiā cháng shíjiān duīfàng de nán wén
种 汗 臭 加 长 时间 堆放 的 难 闻
kind of sweat sting plus long time piled of difficult to smell bad

qìxí. Shénxiǎobái tuī kāi wòshì de fáng mén, Cjūn
气息。 沈小白 推 开 卧室 的 房 门， C君
smell Shen Xiaobai pushed open bedroom of room door Mr. C

tǎng zài chuángshàng wán shǒujī, duì shénxiǎobái de huíguī
躺 在 床上 玩 手机， 对 沈小白 的 回归
was lying on bed playing with phone to Shen Xiaobai 's return

biǎoxiàn dé wú bō wú lán. Shénxiǎobái zài bàofā de
表现 得 无 波 无 澜。 沈小白 在 爆发 的
showing — no waves no billows Shen Xiaobai was at explosion of
without any emotion

biānyuán, shēn xī yī kǒuqì kòngzhì zìjǐde qíngxù: "Wǒ
边缘， 深 吸 一 口气 控制 自己的 情绪： "我
edge deeply to absorb one breath controlled own emotion I
drew

bùzài de zhè duàn shíjiān, nǐ jiù bǎ jiālǐ nòng chéng
不在 的 这 段 时间， 你 就 把 家里 弄 成
wasn't here when this period time you then to at home made into

zhèyàng? Nǐ jiù zhèyàng zhù zài zhège zhū wō li?" Shénxiǎobái
这样？ 你 就 这样 住 在 这个 猪 窝 里？" 沈小白
like this you just like this live in this pig nest in Shen Xiaobai

bu zìjué de shēngyīn yuè lái yuè dà, tīngdào Shénxiǎobái
不 自觉 地 声音 越 来 越 大， 听到 沈小白
not conscientious ly voice more and more big heard Shen Xiaobai
loud

de	páoxiāo,	Cjūn	téngde	zuò	qǐ,	yǎnjīng	lǐ	màozháo	huǒhuā:
的	咆哮，	C君	腾地	坐	起，	眼睛	里	冒着	火花：
's	roar	Mr. C	jumped to	sit	up	eyes	in	with	spark

"hái	yǒu	liǎn	shuō	wǒ,	nǐ	kàn	kàn	nǐ,	nǐ	xiànzài	hái
"还	有	脸	说	我，	你	看	看	你，	你	现在	还
even	have face / have right to		to say judge	me	you	see	see have a look at	yourself	you	now	still

xiàng	yīgè	zhèngerbājīngde	nǚrén	ma?"	Shénme	yìsi?
像	一个	正儿八经的	女人	吗？"	什么	意思？
look like	a	decent	woman	—	what	meaning

Zhèngerbājīngde	nǚrén?	Shénxiǎobái	dìyī	cì	bèi	yòng	zhèyàng	de
正儿八经的	女人？	沈小白	第一	次	被	用	这样	的
decent	woman	Shen Xiaobai	first	time	by	with	like this	of

zìyǎn	zhìwèn.	"Shénme	jiào	'hái	xiàng	yīgè	zhèngerbājīngde
字眼	质问。	"什么	叫	'还	像	一个	正儿八经的
word	questioned	what	call	still	look like	a	decent

nǚrén',	nǐ	bǎ	huà	gěi	wǒ	shuō	qīngchǔ,	wǒ	zuòle	shénme
女人'，	你	把	话	给	我	说	清楚，	我	做了	什么
woman	you	to	words things	to	me	say	clearly	i	have done	what

nǐ	zhème	xiūrǔ	wǒ"?	Shénxiǎobái	miànduì	zhèyàngde	huàyǔ,
你	这么	羞辱	我"？	沈小白	面对	这样的	话语，
you	like this	insult	me	Shen Xiaobai	faced with	such	words

zàiyě	bùnéng	lěngjìng	xiàlái.	Cjūn	kànzhe	qìshìxiōngxiōngde
再也	不能	冷静	下来。	C君	看着	气势汹汹的
any more	couldn't	calm	down	Mr. C	saw	aggressive

Shénxiǎobái,	méiyǒu	yīdiǎn	kǒu	bù	zé	yán	de	qiànyì,	fǎn'ér
沈小白，	没有	一点	口	不	择	言	的	歉意，	反而
Shen Xiaobai	wihtout	a bit any	mouth	not	choose talk recklessly	word	of	apology	instead

lěngxiào	yīshēng.	"Shénxiǎobái,	nǐ	zhēnde	bù	zhīdào	nǐ
冷笑	一声。	"沈小白，	你	真的	不	知道	你
gave a cold laugh	one sound	Shen Xiaobai	you	really	not	know	you

xiànzài	shénme	yàngzi	ma?	Nǐ	kànkàn	nǎ	yījiā	de	nǚrén
现在	什么	样子	吗？	你	看看	哪	一家	的	女人
now	what	look	—	you	have a look at	which	family	of	woman

hé	nǐ	yīyàng,	jiāwù	bù	zuò	jiāwù,	fàn	zuò	de
和	你	一样，	家务	不	做	家务，	饭	做	得
like	you	~~same~~	housework	not	do	housework	meal	make	-after verobs-

yě	shì	yī	tā	hútú,	yī	chūmén	jiùshì	hǎo	jǐ	tiān,
也	是	一	塌	糊涂，	一	出门	就是	好	几	天，
also	is	a	to collapse	messy a complete mess	once	go out	then	quite	a few	days

gāng	kāishǐ	wǒ	hái	kěyǐ	róngrěn	nǐ,	kěshì	nǐ	xiànzài
刚	开始	我	还	可以	容忍	你，	可是	你	现在
just	begin at first	I	still	can	tolerate	you	but	you	now

biàn	běn	jiā	lì.	Tīngshuō	nǐ	zhè	cì	qù
变	本	加	厉。	听说	你	这	次	去
to change	original	to add get worse	terrible	it is said	you	this	time	went to

wàidì	hái	hé	hǎo	jǐge	nánde	yīqǐ	qù	de
外地	还	和	好	几个	男的	一起	去	的
other parts of the country	even	with	quite	several	men	together	-to do	—

shìma?	Zhè	zhǒng	shìqíng	dōu	zuò	chūláile	hái	xiǎngyào	wǒ	zěnme
是吗？	这	种	事情	都	做	出来了	还	想要	我	怎么
are you?	this	kind	thing	even	do	~~out~~	still	want	me	how

shuō	nǐ?	Rúguǒ	yǐhòu	yǒu	háizi	le	nǐ	jiù	dǎsuàn
说	你？	如果	以后	有	孩子	了	你	就	打算
to judge	you	if	in the future	have	baby	—	you	then	plan to

měitiān	ràng	háizi	chī	wàimài,	jiālǐ	yě	bù	dǎsǎo,	nǐ
每天	让	孩子	吃	外卖，	家里	也	不	打扫，	你
everyday	let	children	eat	take out	at home	also	not	tidy up	you

这样的 女人 难怪 嫁 不 出去……" 沈小白

看着 眼前 的 男人， 陌生 又 熟悉， 是呀，

这样 理直气壮 地 指责 她 在 哪里 见 过

呢？

—

C君 依然 恶毒 满满地 指责着， 可是 沈小白 的 思绪

却 回到了 她 很 小 的时候。 她 像 往常

一样 放学 回 家， 可是 家里 没 人，

因为 年纪 小， 妈妈 没有 给 沈小白 家里 的

钥匙， 所以 沈小白 只 能 坐 在 家 门口 的 楼梯

上 等待。 那天 的 时间 是 那样的 漫长 啊， 她

shùzhe	tiānshàng	piāoguò	de	yúncai,	kànzhe	jiē	biān	zhuīgǎn
数着	天上	飘过	的	云彩，	看着	街	边	追赶
counted	in the sky	floated across	that	clouds	looked at	street	side	chased

liúlàng	gǒu	de	xiǎohái,	zhídào	tiān	dū	cā	hēi	le,	kěshì	māma
流浪	狗	的	小孩，	直到	天	都	擦	黑	了，	可是	妈妈
stray	dog	who	kids	until	sky	all	to rub	black	—	but	mum
								dusk			

háishì	méiyǒu	huílái.	Wǎngcháng	zhège	shíhòu,	tā	yǐjīng	chī
还是	没有	回来。	往常	这个	时候，	她	已经	吃
still	didn't	come back	as usual	this	moment	she	already	eating

wán	fàn	zài	zuò	zuoyè	leba?	Shénxiǎobái	hǎo
完	饭	在	做	作业	了吧？	沈小白	好
had finished	~~meal~~	was	doing	homework	—	Shen Xiaobai	very mucho

wěiqū	ya,	māma	nǐ	zài	nǎlǐ	ya?	Qítā	xiǎopéngyǒu	dōu
委屈	呀，	妈妈	你	在	哪里	呀？	其他	小朋友	都
felt wronged	—	mum	you	are	where	—	other	kids	all

huí	jiā	le......	xiǎngzhuó	xiǎngzhe	shénxiǎobái	jiù	kūle
回	家	了......	想着	想着	沈小白	就	哭了
went back	home	—	thinking	thinking	Shen Xiaobai	then	cry
				while thinking			

qǐlái,	jīngdòng	le	zhōuwéide	línjū,	dàjiā	dōu	shì	zhùle
起来，	惊动	了	周围的	邻居，	大家	都	是	住了
began to	disturbed	—	around	neighbour	everyone	all	was	lived

hěnduō	nián	de	lǎo	jiēfāng,	wèn	qīngchǔ	yuányóu	zhīhòu	fēnfēn
很多	年	的	老	街坊，	问	清楚	原由	之后	纷纷
many	years	that	old	neighbour	asked	clearly	reasons	after	all
						find out			

ràng	shénxiǎobái	dào	zìjǐ	jiā	qù	xiān	dāi	yīhuǐ.	Kěshì	nà
让	沈小白	到	自己	家	去	先	待	一会。	可是	那
let	Shen Xiaobai	go to	their own	house	to	first	stay	a while	But	that

shí	de	zìjǐ	wèishéme	nàyàng	juéjiàng	ne?	Zhíyì	yào
时	的	自己	为什么	那样	倔强	呢？	执意	要
time	of	herself	why	so	stubborn	-	insist on	had to

一边 哭 一边 等 自己的 父母，而 自己的
yībiān kū yībiān děng zìjǐde fùmǔ, ér zìjǐde
-at the same time- cried while waiting for her own parents but her

哭声 招来了 更多 邻里 的 围观，沈小白
kūshēng zhāoláile gèngduō línlǐ de wéiguān, shénxiǎobái
crying attracted more neighbours of surround and watch Shen Xiaobai

的 爸爸 还 没有 走 近 自己 家，邻居 阿姨 就
de bàba hái méiyǒu zǒu jìn zìjǐ jiā, línjū āyí jiù
's dad still didn't walk close to his own house then auntie then

急急 向前 奔，说 "快走 吧，你 家 小白 看
jíji xiàngqián bēn, shuō "kuàizǒu ba, nǐ jiā xiǎobái kàn
in a hurry forward ran saying "hurry — your ~~family~~ Xiaobai saw

你们 两口子 没 来，在 门口 哭 呢，孩子 哭
nǐmen liǎngkǒuzi méi lái, zài ménkǒu kū ne, háizi kū
you two didn't come at doorway is crying — the kid cries

得 撕 心 裂 肺 的，谁 劝 都 没用……"
dé sī xīn liè fèi de, shéi quàn dōu méiyòng……"
so to tear heart to crack lung — whoever persuades all useless
heart-wrenchingly

那天 的 沈小白 被 爸爸 黑着 脸 领 进 屋，
nèitiān de shénxiǎobái bèi bàba hēizhe liǎn lǐng jìn wū,
that day of Shen Xiaobai by dad darkened (with) face led into house

煮了 一 包 泡面 当做 晚饭。沈小白 那天
zhǔle yī bāo pàomiàn dàngzuò wǎnfàn. Shénxiǎobái nèitiān
cooked a pack instant noodles as supper Shen Xiaobai that day

也 不 知道 妈妈 什么 时候 回来 的，那 时候
yě bù zhīdào māma shénme shíhòu huílái de, nà shíhòu
~~also~~ didn't know mum what time came back — that moment

她 已经 睡着了，是 被 争吵 的 声音 吵醒的。
tā yǐjīng shuìzháole, shì bèi zhēngchǎo de shēngyīn chǎoxǐngde.
she already had fallen alseep was by arguing of sound woken up

64

Ó, duìle, shénxiǎobái zhōngyú xiǎngqǐ Cjūn de liǎn wèishéme
哦， 对了， 沈小白 终于 想起 C君 的 脸 为什么
oh right Shen Xiaobai finally came to mind Mr. C 's face why

nàyàng shúxī le, duìle, nà jiùshì bàba nèitiān duì māma
那样 熟悉 了， 对了， 那 就是 爸爸 那天 对 妈妈
so familar — right that was dad that day to mum

zhìwèn de yàngzi, lián huàyǔ dōu shì
质问 的 样子， 连 话语 都 是
questioned that face even words all was
what he said

rú chū yī zhé. Shénxiǎobái kànbùdào māmā de liǎn, zhǐ
如 出 一 辙。 沈小白 看不到 妈妈 的 脸， 只
as out one trace of wheel Shen Xiaobai didin't see mum 's face only
exactly the same

néng kàndào nàgè shòuruò nǚrén sǒngdòngzhe jiānbǎng, chuàiqìzhe.
能 看到 那个 瘦弱 女人 耸动着 肩膀， 啜泣着。
could see that emaciated woman shrugging shoulder sobbing

Tā yīdiǎn dōu méiyǒu zéguài māma de yìsi a, māma
她 一点 都 没有 责怪 妈妈 的 意思 啊， 妈妈
she any at all didn't have blaming on mum of meaning — mum

yǐjīng zuòde gòu hǎode le. Tā hěnshào bù chī
已经 做得 够 好的 了。 她 很少 不 吃
already had done enough good — shen barely didn't eating
without

zǎocān qù xuéxiào, cónglái méiyǒu chuān guò zàng yīfú,
早餐 去 学校， 从来 没有 穿 过 脏 衣服，
breakfast went to school have ever not worn had ever dirty clothes

tóngxué lái jiālǐ dōushì chēngzàn tāmen jiā fēicháng gānjìngde
同学 来 家里 都是 称赞 他们 家 非常 干净的
classmates came home all praised their home very clean
came to visit

ya. Shénxiǎobái hěn zì zé, yīdìng shì yīnwèi tā de
呀。 沈小白 很 自 责， 一定 是 因为 她 的
— Shen Xiaobai very herself blamed must be because her of

65

yuányīn ba, shì tā bù dǒngshì, suǒyǐ māma cái huì zhèyàng
原因 吧，是 她 不 懂事，所以 妈妈 才 会 这样
reason — was her not mature therefore mum then would so

wěiqu, kěshì tā méiyǒu gǎn zhàn chūlái wèi māma shuō
委屈，可是 她 没有 敢 站 出来 为 妈妈 说
suffer wronged but she didn't dare to stand out up for mum say

yījù huà. Bùjiǔ zhīhòu māma jiù cízhí le, zuò qǐle
一句 话。不久 之后 妈妈 就 辞职 了，做 起了
one word not soon later mum then resigned — to be started to

quánzhí tàitài.
全职 太太。
full time housewife

Shénxiǎobái cóngwèi wèn guò māma zuò zhè zhǒng xuǎnzé
沈小白 从未 问 过 妈妈 做 这 种 选择
Shen Xiaobai have never asked have ever mum make this kind choice

shìbùshì kāixīn, shìbùshì chūyú běnxīn, tā hé mǔqīn
是不是 开心，是不是 出于 本心，她 和 母亲
whether or not happy whether or not came from heart she and mum

yě cóngwèi jiāoliú guò zhèxiē shìqíng. Kěshì rújīn
也 从未 交流 过 这些 事情。可是 如今
neither have never talked about have ever these things but nowadays

shíkōng pèngzhuàng, tā sìhū biànchéngle duō nián qián de
时空 碰撞，她 似乎 变成了 多 年 前 的
tiime collide she seemed bacame many years ago of

mǔqīn, tā yě shì shòuruòde, tā yě zài miànduì lìngwài
母亲，她 也 是 瘦弱的，她 也 在 面对 另外
mum she also was is emaciated she also is facing with another

yīgè nánrén lǐzhíqìzhuàng de zhìwèn. Rúguǒ zhè yīkè tā yě
一个 男人 理直气壮 的 质问。如果 这 一刻 她 也
a man with confidence — question if this moment she also

66

wèile wéichí yīduàn gǎnqíng zuòle qǔshě, zěnyàng cái shì
为了 维持 一段 感情 做了 取舍， 怎样 才 是
for maintaining a relationship made selection how then was

zuìyōu jiě ne?
最优 解 呢？
the best solution —

"Wǒmen fēnshǒu ba". Cjūn xiǎnrán méiyǒu xiǎngdào yǎnqián
"我们 分手 吧"。 C君 显然 没有 想到 眼前
let's break up — Mr. C apparently didn't expect in front of eyes

zhège zài hūnyīn shìchǎng shàng bìng bù tǎoxǐde nǚrén, huì
这个 在 婚姻 市场 上 并 不 讨喜的 女人， 会
this in marriage market on at all not likable woman would

rúcǐ yìngqi, tā yīnggāi shì mùqián shénxiǎobái néng zhǎodào
如此 硬气， 他 应该 是 目前 沈小白 能 找到
so unyielding he should be at present Shen Xiaobai could find

de xìng jià bǐ zuìhǎode nánrén leba? "Nǐkě
的 性 价 比 最好的 男人 了吧？ "你可
that functionality price ratio the best man — you'd better
performance-price ratio

xiǎnghǎo le, jiù wèi zhèmediǎn shìqíng, nǐ jiù hé wǒ
想好 了， 就 为 这么点 事情， 你 就 和 我
think it over — just for the little thing you then with me

fēnshǒu le"? Shìya, zài Cjūn xīnlǐ, zhè zhǐbùguò shì yīge bù
分手 了"？ 是呀， 在 C君 心里， 这 只不过 是 一个 不
break up — yes in Mr. C heart this only was a not

dǒngshìde nǚrén xūyào de tiáojiào, tā zuò de shìqíng zhǐbùguò
懂事的 女人 需要 的 调教， 他 做 的 事情 只不过
mature woman needed that to teach he did that things merely
lesson

shì ràng zhège nǚrén rèn qīng zìjǐde wèizhì, hǎohǎo zài
是 让 这个 女人 认 清 自己的 位置， 好好 在
was let this woman recognize clearly her own position properly at

家相夫教子，可偏偏这个女人有点
jiā xiàng fū jiào zǐ, kě piānpiān zhège nǚrén yǒudiǎn
home assist husband educate child but just this woman somewhat

不识时务。可是对于沈小白却不是，她
bù shí shíwù. Kěshì duìyú shénxiǎobái què bùshì, tā
not know current situation but to Shen Xiaobai yet not she
show no understanding of the times

努力读书，努力工作，一切的努力都是想要摆脱
nǔlì dúshū, nǔlì gōngzuò, yīqiède nǔlì dōu shì xiǎngyào bǎituō
hard studied hard work all efforts all ~~were~~ want to get rid of

自己童年的梦魇，不要再像自己的母亲一样，
zìjǐ tóngniánde mèngyǎn, bùyào zài xiàng zìjǐde mǔqīn yīyàng,
her childhood nightmare not anymore like her mother the same

放弃自己的人生，自私也好，妄想也罢，
fàngqì zìjǐde rénshēng, zìsī yěhǎo, wàngxiǎng yěbà,
to give up her life to be selfish or not wishful thinking or not

她一定不能够走上母亲的老路。
tā yīdìng bù nénggòu zǒushàng mǔqīn de lǎolù.
she must not can walked mother's 's old way
fell into

沈小白知道只要自己不嫁出去，她和
Shénxiǎobái zhīdào zhǐyào zìjǐ bù jià chūqù, tā hé
Shen Xiaobai knew as long as herself not get married ~~out~~ she and

她父母的拉锯战就不会结束，但是这么
tā fùmǔ de lājù zhàn jiù bù huì jiéshù, dànshì zhème
her parents of seesaw battle then not would end but so

久她也习惯了这个社会传递给女性的性别
jiǔ tā yě xíguànle zhège shèhuì chuándì gěi nǚxìng dì xìngbié
long she also was used to this society pass to females of gender

以及年龄焦虑，可是这并不是妥协的理由。
yǐjí niánlíng jiāolǜ, kěshì zhè bìng bùshì tuǒxié de lǐyóu.
and age anxiety but this at all was not to compromise of reasons

68

Bùguǎn yǐhòu tā huìbùhuì xuǎnzé bù rù hūnyīn,
不管 以后 她 会不会 选择 步 入 婚姻，
no matter　in the future　she　would or not　choose　step　into　marriage

dūhuì shì tā zìjǐde yī zhǒng xuǎnzé, ér bùshì yīnwèi
都会 是 她 自己的 一 种 选择， 而 不是 因为
all woudl　be　her　own　one　kind　choice　but　not　because of

shéide xiépò, tā xiànzài zhǐ dāng xiāngqīn shì yī zhǒng
谁的 胁迫， 她 现在 只 当 相亲 是 一 种
whoever's　coercion　she　now　only　treat　blind dating　as　a　kind

cháyú fànhòu de xiāoqiǎn huódòng, tā bà mā bǎ tā
茶余 饭后 的 消遣 活动， 她 爸 妈 把 她
over a cup of tea　after a meal　of　leisure　activities　her　dad　mum　to　her
at one's leisure

bī jí le jiù qù dǎ gè kǎ, tā bà
逼 急 了 就 去 打 个 卡， 她 爸
push　too far　—　then　go to　hit　a　card　her　dad
to punch in and out (in scenic spots)

mā xiāoting le, tā jiù jìxù kuàikuàilèlè qù guò zìjǐde
妈 消停 了， 她 就 继续 快快乐乐 去 过 自己的
mum　stop　—　she　then　goes on　happily　to　live　her

shēnghuó. Huàn gè wèizhì xiǎng yī xiǎng, zìjǐ yěxǔ yěshì
生活。 换 个 位置 想 一 想， 自己 也许 也是
life　change　a　position　to think　one　think　herself　maybe　also is
give a thought

biérén kǒuzhōng de xiāngqīn wùzhǒng, shēnghuó ma, bùguò
别人 口中 的 相亲 物种， 生活 嘛， 不过
others　mouth　of　blind dating　species　life　—　just

ǒu'ěr xiào xiào biérén, zài bèi biérén xiàoxiào.
偶尔 笑 笑 别人， 再 被 别人 笑笑。
once in a while　to laugh　to laugh　others　then　by　others　is laughed
to laugh

Méiyǒu	yī	kē	qiáng	xīnzàng	zěnme	xíngzǒu	jiānghú
没有	一	颗	强	心脏	怎么	行走	江湖
without	a	-for organs-	strong	heart	how	walk	rivers and lakes

ne?	Zhòngyàodeshì	zhīdào	zìjǐ	yào	shénme,	bìngqiě	wèi
呢？	重要的是	知道	自己	要	什么，	并且	为
—	what's important	knowing	yourself	want	what	and	for

zìjǐ	huó	dé	gènghǎo.
自己	活	得	更好。
yourself	to live	even	better

Printed in Great Britain
by Amazon

24687498R00046